優質人生之旅
佛度有緣人

戴萬成 ——— 著

李幸芸 ——— 花藝・書法

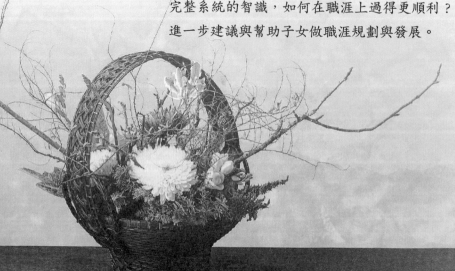

父母與子女共同學習成長

學佛，是父母給子女一生最好的禮物

本書的緣起，是來自於聽到許多父母的心聲。

最近一段時間，聽聞多位朋友子女工作不順遂，生活不如意而困擾萬分。作為父母，不論我們的生活多如意，只要子女有上述困擾，我們作父母的也無從舒坦。

如何幫助子女職場上更順利，生活上更如意，是我們作為父母重要的功課之一。

坊間許多職場勵志、管理的書籍，甚或規模較大公司的人才培訓、在職進修，用意雖佳，唯因少了人的溫度，無形中讓職涯管理予人無情、制式、現實的刻板印象。

其實正向的觀念及態度，不論個人修為、職場人際關係、事業經營，乃至於家人互動、家庭經營，都是放諸四海皆準的。

有鑑於很多父母不一定有機會在大公司或是外商公司受到良好的職涯發展科學管理訓練，自己本就不具備一套完整系統的智識，如何在職涯上過得更順利？當然更無法進一步建議與幫助子女做職涯規劃與發展。

　　我個人在外商公司受到完整的管理科學訓練，也在台灣、中國及新加坡頂尖著名大學教書超過 30 年，同時又在法鼓山接受聖嚴師父的佛法開示啟迪，在此一領域有粗淺的認識與想法。

　　在聖嚴師父圓寂的那一年，我發願在他圓寂十週年，將他教導我的佛法，結合管理科學在職涯發展的應用，寫出《優質人生之旅—佛度有緣人》的專論，希望能夠幫助學佛父母們與其子女共同學習成長。

　　2020 年 8 月，在法鼓山榮董會有一學佛心得分享會，會後感受到學佛父母在此一領域迫切的需求，因而思索如何形成一個次第學習的方案，讓有此一需求的父母，得以依循此書第一篇「職場勁爭優勢的修煉與提升」的一至八章對應章節，與子女共同閱讀討論，幫助他們全方位修煉，在職場過得更如實順利。

　　疫情三年過去，欣喜心願成真，《優質人生之旅—佛度有緣人》得以順利付梓出版，要感謝許多至親好友的佛緣相挺、編輯團隊的創意發想，成就了佛禪管理與書法花藝的完美結合，給予讀者恬靜雅緻的閱讀心境。

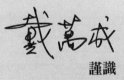

戴萬成　謹識

活用佛禪智慧開創優勢人生

　　與有緣人分享我的學佛經驗以及這些經驗帶給我的人生體悟，當這些分享能夠讓人得到啟發且能提升人生品質與幸福時，我就能夠感受到人生意義。

　　一般對佛法認識不深或誤解的人，認為學佛修禪，只是年長者誦經打坐，參加法會，敲敲木魚打發時間而已。殊不知若能深入了解佛學，加以內化實用，對於職涯優勢發展，企業卓越經營管理，提升商場創新優勢以及達成圓滿至善的人生都有深遠顯著的助益。

　　我是在 1994 年，特地從新加坡回到北投農禪寺，參加由聖嚴師父主持的菁英禪三培訓，在三天的課程中，透過禁語形成的安靜氛圍，每人得以與自己的內心對話，加上聖嚴師父充滿智慧的法語開示，初次接觸佛法的我驚覺，竟有許多方法可以拿來解決自己工作的盲點與困境。

　　回到新加坡工作崗位後，我大量搜羅師父的著作潛心閱讀，並觀看他的開示影片，擷取精華，實際應用在工作職場，不但大大降低工作壓力，更是產生顯著績效提升，當時我在新加坡大學 EMBA 精華班授課，竟然引起學生極大的正面回饋。我同時將聖嚴師父所說：「善心待人，智慧處事」，融入兵家及法家思維，成為「菩薩心懷，霹靂手段」，更是受到學員熱烈喜愛。他們認為這個課程教他們：「既有人心向善的教化，又能有積極進取，競爭求存的理念，體現了制度考量和人文關懷的統一。」

我從職場退休後，有較多空餘時間，經由念經打坐，再次深入研讀《金剛經》與《六祖壇經》，深深體會金剛智慧對高階領導的實用，又從禪宗哲理之禪宗三十六對，感受到它對企業創新優勢的妙用。

　　人生優勢之圭臬，本書以佛法自覺覺他及道家內聖外王為基軸、具體實踐程序則依佛法菩薩行及孫子兵法五事，這兩個歷經千百年仍然發光發亮的作法，輔以國際知名企業之科學經營管理經驗及體悟（見下附圖），次第展開，形成提升優勢人生之修煉次第綱要作法。最後經過不斷修正完善，將其簡化為簡單易學「新五事」，則是師法禪宗六祖法無漸頓說，以漸修憶謀勢（三個基本功）為基，進而提升至頓悟（易）之變革創新，最終達到圓滿至（善）之理想境界。

　　期盼這一簡單易學的架構，能提供學佛弟子作為人生自我提升之參考，依先賢智慧導引，循序漸進達成人生優勢修煉之旅。

人生 / 職場勁爭優勢全方位修煉

Pro-VT® 標竿績效管理	佛法菩薩行	自覺（內聖）	覺他（外王）
憶	大悲 大願 大願 大智	人生信念 (道) 自我認知 心的修煉 能力提升	企業文化 （道） 優質人員 樂在貢獻 團隊能力
謀	大行	勁爭優勢 （天地）	優勢戰略 （天地）
勢	大行	威儀氣勢 （將）	團隊氣勢 （將）
易	大行	學習創新 （法）	變革改善 （法）
善	大行	成功圓滿 （法）	標竿至善 （法）

優質人生之旅　佛度有緣人

5

佛之真諦念心 踐履於生活中

出版賀誌

　　娑婆世界眾生莫不期望擁生活有歡愉、生存有價值、生命有意義之福報，而學佛修得一切善法厥為途徑之一。

　　佛教教主釋迦牟尼佛出生於人間、修行於人間、成道於人間、度化眾生於人間，一切是以人為本，是以「人間佛教」為佛教所本有，以引領世人學佛、識佛、行佛、成佛，相關論述且在二十世紀發展成現代特有的佛教理論思想體系，包括印順法師、星雲法師、淨慧法師、聖嚴法師等人皆為推廣、延續此思想之代表；著者因緣師承聖嚴法師座下，將對佛法的體悟內化後實用於生活之中，獲致驚人的成果，今發心將其學佛歷程、印證經驗等著書發行以饗同好，學佛有成，堪為敬佩。

　　有道是「徒善法不足以自行」，眾生欲蒙佛教「戒定慧」根本教理之眷顧而福慧增長，當不以傳統誦經典、做功德為己足，而當以學得佛法的真諦念心，而踐履於生活之中，始臻修行成道之境；筆者與著者有相似之學佛經

驗，從學佛數十年過程中所獲致之各項領悟，在家庭生活、職場工作、人際互動中，在在都有醍醐灌頂之驚奇，諸多感動事例有若寒天飲冰水，點滴在心頭。

　　戴教授接受佛法啟蒙，從法語中獲致大體悟，除得以引導其個人提升優勢外，於實際應用於個人管理專業領域之中，更獲致圓滿成效，傳統佛學與現代管理科學之相互輝映、印證莫此為甚，今將此珍貴歷程、事證、論述集結成冊以饗同好，實屬大功德，謹藉此推薦賀誌表達敬佩之意，並期待此專書的出版為「佛光普照三千界 法水長流五大洲」理想添動力助力。

南華大學校長

林聰明　謹誌

2024.4.30

優質人生之旅 佛度有緣人

心靜 尋回真我

許推薦序

本書作者戴萬成教授以「佛法菩薩行」、「道家內聖外王」、「孫子兵法五事」及「法家的法術勢」為經，輔以企業經營管理經驗及體悟為緯，作為提升優質人生修行及事業運作方式。並以佛法大悲、大願、大行，去解決問題，拓展新的商業領域。佐以「惜緣感恩」、「績效導向」、「菁英團隊」、「慈儉無礙」，作為自己在職場上待人處世之基本原則。

戴教授又認為做為企業界的主管，除了要有慈悲心外，還要考慮成本，制定規章，更要能掌握「竅門」。「竅門」就是一種方法程序，能解決問題，且在執行行動時有特殊之成效。作者總結個人二十多年的工作經驗，悟到的職場成功「竅門」就是「善借與融合—創新—簡單化—實踐後證明實效—歸納總結—理念架構網」。所以成功就是能重複做簡單且有效的事情，要能自利利人，成己成人，增長福慧。

戴教授以高超智慧，結合自身實際參與國內外企業經營管理經驗，從高維度思考，瞭解到企業經營管理發展本身就是一種修行。每個人來到世間都有各自的任務，無論

扮演什麼角色，最終目標就是要找回「真我」。在職場上的同仁，無論是上司、部屬、或顧客，都有深厚因緣才會聚在一起。要如何相處呢？戴教授特別提到要用慈悲、喜捨、忍辱的心相待。這樣，不但能得到應得的，也還了該還的。從高度看人生，一切都是幻化，得的是以前種的因，現結成果，失去的也一樣！所以沒有得，沒有失，甚至沒這回事！整個過程就是要提昇、清淨心靈，尋回真實的「真我」！

　　拜讀戴萬成教授的《優質人生之旅─佛度有緣人》著，令我深深感受到，一位成功企業家須具有心靜致富的內涵，懷有登高望遠‧清明通透的思維，站在高度、高維、高明的層次，自然無為推動事業的成長。在此，心華懷著一顆最虔誠的心獻上兩句話表達我真心的祝福！

意識以螺旋式向上揚升
事業以波浪式向前推進

　　總之，本書可說是戴萬成教授一生的智慧結晶，無論從企業管理經營或個人修行，都是值得一讀再讀並珍藏的好書！

美國德保羅大學教育學榮譽博士
中國北京大學博雅教育研究所客座教授

許心華 敬上 2024.4.30

目錄 *Contents*

緣起代序	父母與子女共同學習成長	戴萬成	2
視為導讀	活用佛禪智慧開創優勢人生	戴萬成	4
出版賀誌	佛之真諦念心 踐履於生活中	林聰明	6
許推薦序	心靜 尋回真我	許心華	8

1 自覺 • 內聖 ➡ 職場勁爭優勢的修煉與提升　　12

第一章	職場卓越傑出竅門	14
第二章	基本信念及核心價值觀	20
第三章	深一層自我認知	24
第四章	心的高一層修煉	50
第五章	更高智能境界提升	60
第六章	Pro-VT® 標竿績效管理系統架構與實證	80
第七章	創建人生勁爭優勢	84
第八章	永續學習與創新	90

2 覺他 • 外王 ➡ 企業高績效經營管理　　96

第一章	優質團隊之組建	100
第二章	競爭優勢戰略	110
第三章	團隊氣勢與高效執行力	118
第四章	變革創新與改善	134
第五章	標竿至善	138

3 禪悟・智慧 ➡ 學佛修禪與商場優勢　**148**

第一章　金剛智慧　　　　　　　　　　150

第二章　商（職）場優勢禪　　　　　　162

第三章　禪思與禪悟　　　　　　　　　174

4 善借・遵循 ➡ 譜織圓滿至善人生之旅　**184**

第一章　善借智慧自利利他　　　　　　186

第二章　圓滿至善優質人生　　　　　　190

5 信解・行證 ➡ 佛禪智慧學習實踐心得　**192**

課後的行證回饋　　　　　　　　　　　194

・ 自我深層的認識與瞭解　　　　　　　195

・ 我如何應用所學，創造優質職場生涯　197

・ 一次心靈的洗禮　　　　　　　　　　200

・ 怎能錯過這場『職場般若』盛會　　　203

法鼓山訪談　　　　　　　　　　　　　206

・ 高階管理者最想學的佛系管理系統　　206

後記 戴萬成教授的修煉與足跡　　　　212

　　　禪藝合流　福慧康寧　　　　　　214

自覺・內聖
Chapter 1

職場勁爭優勢的修煉與提升

自我認知-自我覺醒-自我肯定-自我提升，是讓自己
人生立於不敗之地的首要課題。

Chapter 1

第一章　職場卓越傑出竅門

　　每一個高階領導者，馳騁職場最需要掌握的成功關鍵因素就是掌握「竅門」。「竅門」就是一種方法與程序，對解決問題與執行某一行動，經常具有特殊之成效。俗語：「會道一縷藕絲牽大象，盲修千鈞鐵棒打蒼蠅」，日本經營之神松下幸之助曾說：「掌握竅門對經營事業，工作，甚至學業，運動在結果上將產生極大之差異」。總結個人二十多年的工作經驗，悟得的職場成功「竅門」：

善借與融合→創新→簡單化→實踐後證明實→歸納總結
→理念架構網

　　聖嚴師父在《福慧自在金剛經生活》一書中對善借有如下的開示「如果別人的思想觀念更好，那就用來取代我的。」他也在《禪公案一〇〇》中明示，「如果別人的看法更周到、更有用、對人更有利，那就捐棄己見，接受他人的看法。」在近代傑出企業經營者，懂得「善借與融合→創新」的標竿人物中，首推蘋果的賈伯斯。他說出蘋果產品設計的理念：「好的藝術家懂得顛覆傳統，偉大的藝術家則擅長善借。」我們從蘋果的系列產品可以

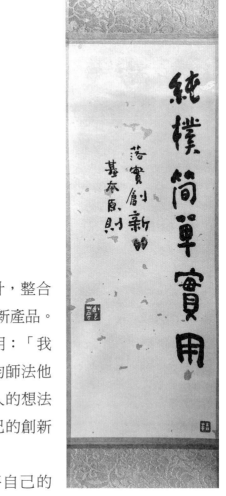

純樸簡單實用

落實創新的基本原則

發現「善借」其他公司最佳設計，整合並加以融合後，發展出一系列創新產品。Wal-Mart 百貨創始人華頓亦表明：「我實行的眾多管理模式，大多數均師法他人的經驗」。在善借與融合他人的想法與好的作法之後，能夠產生自己的創新理念與作法。

　　接下來最重要的事，要將自己的創新從複雜無章變成簡單理念與作法，聖嚴師父教導我們傳法利生，一定要遵循「純樸、簡單及實用」的基本原則，依據我個人職場經驗，「成功就是重複做簡單而有成效的事情」。印順導師說：「簡單，是最容易看到事情本來面目的方法。把複雜的東西簡單化就是佛法」。印度佛教繁瑣複雜，因此無法廣為流傳，漢傳佛教將它簡化精義為「戒、定、慧」三無漏學，符合華人喜歡簡單的天性，因此與儒道共同興盛流傳於東方。近代經營管理最值得借鑑的奇異 (GE) 公司的執行長傑克‧威爾許 (Jack Welch) 說：「經營與管理非常簡單，那些將它弄得非常複雜的人，

只會弄得一身是傷」，在傑克威・爾許主政時期，所有高層主管，必須具備將複雜事情變化簡單的能力。IKEA 創辦人 Ingvar Kamprad 更是說明「簡單就是一種美德」。愛因斯坦說：「如果你還不能簡單地說明一件事，那就表示你了解還不夠透徹」。

在將創新理念與作法簡單化後，實踐修正後證明實效，就可以一步一步歸納總結，最後形成一套卓越經營管理理念架構網。理念架構網就是「讓企業在邁向卓越經營時，能有一套可以依循的邏輯架構。它是一套有信念、有方法、有紀律的管理流程。」

為什麼理念架構網對高階領導及專業經理這麼重要？因為科技變化日新月異，變化無章又快速，經理人苦於因應。日本 7-ELEVEN 控股公司總部，在接待大廳的上方，有一行顯目的漢字：「因應變化唯一的方法，就是徹底實踐基本工作」。華人經營管理大師之稱的李嘉誠說：「分段治事 不疾而速。」亦即洞悉事物的條理，按部就班的進行，便能不疾而速至。理念架構網就是一套包含完整的基本功，又能符合邏輯實踐程式，讓你的工作能輕鬆地按部就班的進行，後發卻能先至。

我在職場上，善借佛法「菩薩行」及「四無礙觀」，經過二十多年的磨練體悟，終於讓我擘畫出一個既能引導個人優勢的提升，又能適用於整體團隊的經營管理績效提升之架構，當中盡是精煉過後的精華，等到工作上有需要用到之時，它就能適時發揮功能，使得工作得心應手、效率超凡。

佛法菩薩行

大悲　體解大道：基本信念　核心價值觀

大願　發無上心：自我認知　心的修煉

大智　深入經藏　智慧如海：智慧提升

大行　統理大眾　一切無礙：高績效團隊　高峰成就

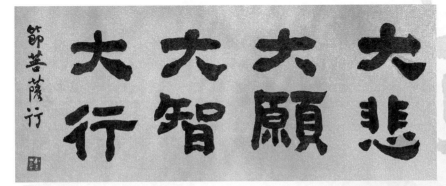

優質人生之旅　佛度有緣人

17

佛法四無礙觀

義無礙：理念、架構、系統、價值觀

法無礙：制度、規章、方法、程序

辭無礙：溝通、激勵、諮導

樂說（悅）無礙：樂在貢獻、天職

　　在新科技日新月異高速發展的今天，卓越經營管理除了以理念架構網作為基本功強化體質外，高階領導人更需要全心全意去發現公司所存在的問題及所有可能的新商機，以最聰明的方式應用最理想的新科技，去解決問題及拓展新的商業領域。

Chapter 1

第二章 基本信念及核心價值觀

　　一個人必須找出值得一生遵守的基本信念，做為他待人處事、追求人生意義與目標所秉持的原則，無論在任何困境與矛盾狀況下，都能堅持不懈怠，是個人自我修持與成長、統理大眾與優質領導統御最重要的成功因素。聖嚴師父教導我們秉持的人生信念：「善用此生，成長自己、利益他人」。達賴喇嘛將自己的基本信仰簡化為三個基本信念：「一、我是人類。二、我要快樂，不要痛苦。三、其他人類都跟我一樣，希望快樂，不要痛苦。」當我們擁有清晰簡明的人生基本信念時，我們可以依據它做為中心準繩，我們的心中將會有更大的自由與彈性來面對數不清的問題與困擾，也仍然能保持身心的寧靜、平和與安定。

　　「慈悲待人 智慧處事」是我從聖嚴師父的佛法開示中得到最核心的職場信念，融入儒、法、道、兵之積極

入世之務實手段， 成為自己在職場上之基本信念「菩薩心懷，霹靂手段」，再以下列四種核心價值觀，作為自己在職場上每日待人處事之基本原則。

惜緣感恩

　　諺云：「百年修得同船渡」，能在職場上相處，每天在一起的時間甚至超過與家人共處的時間，這就是相當的深緣存在，我們與同事、部屬、上司或我們的顧客之間必定存有相當深的緣分，值得我們珍惜。同時我們在職場上的順意與成功，絕大部分是靠這些有緣人的幫助與支持，才能獲得成果，要以感恩之心來回報所有在職場上幫助我們向上提升的助緣，不論它是順緣或逆緣，這是我們學習佛法的福報，也是幫助我們在職場上順意與成功很重要的信念。

績效導向

　　任何人在職場上要過得順意如實，就非得有所貢獻，要使自己成為組織成長繁榮所需要的人，而不是組織的累贅，因此不論在任何職位上，都要以績效導向為原則，當部屬績效無法

達成期望標準時，做為主管就要以慈悲心諄諄誘導，以法佈施、無畏施之精神理念，提供必須的幫助與誠心的教導，使組織內的成員，皆能為組織績效做出貢獻。

菁英團隊

職場不論是盈利或非盈利單位，甚至政府公務組織，都不是慈善單位，不能無限制地保有無生產力的多餘人力，因此如何擁有一批由菁英成員組成的團隊，就是我們在職場成為高峰成就主管的最重要因素之一。

慈儉無礙

做為一個組織的主管人員，除了擁有一份慈悲心外，凡事要考慮儉約以節省成本，制度、規章、程序及政策制定，皆要簡單明易，才能達到容易溝通與有效執行的目標，除此之外，更要達成人際和諧、圓融無礙的境界。

在職場生涯中，我們除了恪遵佛法之慈悲喜捨、福慧雙修、利益眾生之理念為最高指導原則外，融合儒家、法家、道家與兵家之各種理念是我們在如實職場生涯之最佳組合，也就是除了慈悲心懷外，我們也具備了霹靂手段來達成組織之目標。

聖嚴師父曾開示說道：
「人生是來受報、還願的，
人生的意義和價值，則是
在於奉獻、自利利人、成己
成人、增長福慧」。我有一
位相當有人生智慧的好朋友
說：「人生的二件大事，第
一是來還債，第二是來要債
的」。欠的債今生要努力還
清，別人欠的債，則要少要，

以免要過頭，反成欠別人的債。由此可見，要過一個有目的、
有意義的人生，最主要的是能夠認知自我、成就自我，然後，
依緣幫助別人，還願也好，還債也好，它將使你生活得踏實、
有意義。

　　修行正信佛法，時時以觀世音菩薩慈悲及本師釋迦牟尼佛
的金剛智慧為指導方針，以達成修持者個人離苦得樂，並以度
天下眾生、利益眾生之精神，是我們追求真正人生意義與價值
的最佳寶典。

第三章 深一層的自我認知

　　聖嚴師父曾經提醒大眾：「一個人的時間有限，不要把時間浪費在無謂的試驗上。認識自己最要緊，要安於走自己的路。」師父又在《不一樣的佛法應用》一書中開示：「我們每一個人都有獨立的人格，不應該受到外在環境或他人的影響，要做自己的主人」。

　　認識自己、發揮自己的特質，讓我們過一個充滿意義的人生，就是人生最重要的功課。有一句我非常喜歡的諺語：「愚癡的人，一直想要別人瞭解他。有智慧的人，卻努力的認識自己」。我們總是覺得自己最瞭解自己，其實我們未必對自己有很深刻的瞭解。且看蘇東坡遊歷廬山時，所寫的這首〈題西林壁〉詩：

　　橫看成嶺側成峰

　　　遠近高低皆不同

　　　　不識廬山真面目

　　　　　只緣身在此山中

　　原來蘇東坡發現無論橫看、側睨、遠瞧、近觀所見此山的形貌各有不同，根本無法看清廬山的真面目，最後深切體認到原來是因為此身還在此山中，故無法窺見其全貌呀！諺語也說：

「當局者迷，旁觀者清。」講的也是當你身陷其境，就難以客觀地思慮問題，唯當真能抽離情境時，才能縱觀全域冷靜衡量，找出問題的癥結。同理可知，我們難以完全瞭解真正的自我，正因我們無法提高層次，以超越的眼光來觀察自己呀！

全面且正確地認識自己，是身處當今競爭激烈的社會中所不得不做的一項功課。因為一個對自己的能力、特質都不清楚的人，是無法集中火力專注前進的，就如同一隻旱鴨子偏要去參加游泳比賽一般，失敗是意

愚癡的人一直想要別人瞭解他
有智慧的人卻努力的認識自己

料中事。所以，必得先認識自己，找到一個真實的「我」。

　　「認清自己」，首先就是自我肯定，要先能瞭解自己的優點，其次是要管理自己的缺點，接著是要不斷謙虛學習。聖嚴師父在指導禪修時開示指出：「當我們一步步改正自己，智慧也隨之增長。」自己的弱點，自己應該最清楚，這可從做事、做人、與人互動中去發現，但重點是有沒有辦法做到勇於面對，唯有清楚認知自己的優點並承認自己的弱點，才是真的「認清自己」。

　　因此「我是誰？」、「認識你自己」就是重要且不可或缺的職場功課。一般人總以為自己時時刻刻都和自己生活在一起，形影不離，所以只有自己最認識自己，最瞭解自己。這是真的嗎？其實不然，聖嚴法師在《禪修菁華集》一書中，指導習禪者觀看自己的內心環境時就指出，因為很少人意識到，大多數的人只是存活在自己的心外，而不是心內，能夠生活在自己心內的人極少。因為我們的生活所需泰半來自身外，所以就誤以為所有的煩惱困擾也都來自外界，於是不停的向心外的環境追求和抗爭。

　　寫出世界著名長篇小說《美麗新世界》的作者、英國哲學家阿道司・赫青黎 (Aldous Huxley) 有句醒世名言：「世界上只有一個重要的問題，那就是：我是誰？我能做些什麼？」而在

希臘著名的太陽神阿波羅神殿的兩大廊柱上，刻印著兩行引人注目的字：「認識你自己、凡事勿過度。」

「認識你自己」，這也是希臘古哲人蘇格拉底 (Socrates) 一生服膺的名言。他謙虛地承認自己的無知，認為自己唯一知道的，就是什麼都不知道。蘇格拉底認為，哲學家的任務在承認自己的無知並提出問題，這位生於雅典，傳說父親是雕刻家，母親是產婆的大哲學家，從不以老師自居，自認只是愛好智慧的人，總是經由拋出問題，然後試著接近真理。

將一生奉獻給哲學和教育工作的蘇格拉底，終日在雅典街頭人群聚集之處與人聊天，從一些簡單的日常生活中常用的語句開始，一直往後追問探索，深入一個字的原義，一步步的迫使對方承認自己的無知，知道了自己的無知之後，才算是真的「認識了自己」，這也才是最高的知識。由於他出生在古希臘戰爭的混亂時期，道德價值低落，因此蘇格拉底認為，若要支持當時生活中的倫理局面，人人就必須「認識自己」，這也是他哲學的出發點。

蘇格拉底要人們跳離日常生活中的思考模式，進一步地瞭解自己思想的本質。他認為，人生活著如果只是為了日常生活

中的一切，那麼人已失去了他獨特的天賦。因為人本身是會思考的，但自己所認為的、看到的、聽到的，甚至於先前所發生的，都不一定是自己想像中的樣子，除非人能更深切地瞭解自己。

　　認識自己為何這麼重要？在《達賴喇嘛教你認識自己》(How to See Yourself As You Really Are) 一書中，作者達賴喇嘛肯定的指出一個正見：正確認識自己，就是邁向心靈澄澈、智慧通達的快樂境界。他表示，因為個人發展與良好人際關係的關鍵就是自我認識。達賴喇嘛說，許多人在缺乏正確的自我認識下，出於對自己、他人、事件和物質的誤解，因而傷害自己。我們以為萬事萬物就是如我們所見的樣子，這就是所謂的「無明」，無明不是光指對人、事、物的真正存在狀態缺乏認識，更是主動誤解其存在的根本性質。

　　而無明的去除，便有賴於一個人是否具備自我認識的智慧，並藉以發展出一種對存在毫無錯誤認識的清明心識。這也呼應了聖嚴師父在指導修行時的主張：**「認清自己」的層次分為自我肯定、自我成長和自我消融三個層次。**因為一個心不安穩、常受情緒影響的人，是無法清楚面對自己的，當然無法通達心靈澄澈、慈悲智慧的真我境界。

要想達到真我的層次，首先就是需要自我肯定。所謂的自我肯定，是先肯定自己的優點，再承認自己的弱點，不由別人來肯定自己的成功或光榮、評斷自己的失敗或恥辱，而是從自己的內心觀照起，如此才能確實認識自我，進而達到自我肯定。

為什麼要要承認自己的弱點？聖嚴師父鞭辟入裡的指出，因為一般人面對自己的弱點，往往像鴕鳥一樣，大都採取隱瞞、掩蓋等方式，不僅不願承認，更別說進一步的檢討和改進了，這樣的人不清楚、不瞭解也拒絕看清自己的弱點，往往就容易淪為自我膨脹。就像火雞看到外敵時，頸部和身上的毛就膨脹豎直，藉以誇大實力，希望讓對手以為牠體型變大、氣勢變強了，但實際上大家都清楚，那不過是假象而已。

在佛法歷久彌新的智慧中，在在彰顯了認識自己的重要性，透過西方的科學分析，同樣讓人從中認識自己，並輔助找到自己的天賦優質。日本經營之神松下幸之助表示：「一個人在工作職場中，最重要是要能發揮自己的個性與風格，自己的人生是無人可以替代的，你可以透過工作去充實它。」蘇格拉底(Socrates) 也說：「想勸服別人的人，必須先瞭解人的基本類型，同時要知道與各種類型的人打交道時，要用那一種方式最好」。

在職場上，大多數人存在著一種傳統的迷思，認為一個人的智力、經驗、意志三項元素，往往決定了這個人能否在工作上有卓越的表現。可是答案往往不那麼簡單，因為在每個職位上，總有做得最好和做得最差的對比，不論它是多麼簡單或複雜，智力、經驗、意志的確可以明顯地影響一個人的業績，然而造成最好與最差的差別所在，主要因素則在於當事者的天賦特質與人際風格，這才是一個人能否在相同工作條件之下出類拔萃的主因。

認知自己的天賦特質

一般人總是認為，瞭解自己最透徹的當然是自己，其實不然，有句話說：「當局者迷」，尤其是有關自己到底具備那些天賦特質與自己是屬於那一種人際風格，如果能透過科學的分析方法來找到答案，不失為一巧妙良方。而隨著各類資訊的蓬勃發展，市場上充斥著各式各樣的科學分析方法，以下僅介紹兩項廣為人知、具應用實證的科學分析法：蓋洛普天賦特質鑑識及羅伯・波爾頓的人際風格分析。

什麼是天賦特質？就是指一個人天生具有的特殊能力與特性。一般人多數不知道自己獨特的天賦特質為何，每當被問及時，往往以為就是指自己的個性與知識，彼得‧杜拉克就曾感嘆指出：「大多數人被問及自己的能力時，不是一臉茫然，就是誤判自己的主導特質。」其實一個人的特質並不等於一個人的能力，天賦特質是一種與生俱來的特點，它是稀有而珍貴的，是一種能貫穿始終，並能產生效益的思維、感覺與行為模式，而且此行為模式可以帶來效益。

　　可以說，一個人如果沒有好好運用自己的天賦特質，從事任何工作，想要達到卓越絕倫的境界，是幾乎不可能的。彼得‧杜拉克就坦言：「人生的悲哀不在於缺乏足夠的能力，而在於未能利用與生俱來的天賦。」事實上根據研究報告，決定一個人是否能在其生涯中達到卓越成功，天賦特質的重要性及影響力，往往佔了超過 50% 以上的決定性因素。

　　說起天賦，首先要知道它和能力是不同的，比如說，能說服別人，這是一種天賦；而能把商品推銷出去，這是一種能力；要先有說服的天賦，再加上產品知識、銷售技巧，才等於具有把商品銷售出去的能力。一個人也許富有產品知識，也學習過銷售技

巧，但卻缺乏說服的天賦，那等於無法擁有銷售商品的能力。反過來說，如果一個人具有很強的說服力天賦，即使對產品瞭解不深，也沒學習過銷售技巧，最終還是能把商品銷售出去。

　　因此先天的天賦與後天的知識和技巧同樣重要，因為每個領域的知識和技巧，可以藉著努力付出及學習就可獲得，但天賦卻並非如此。所以如果你想擁有卓越的能力，就必須先找出自己專屬的天賦，再配合知識和技巧的學習，讓自己具備優質的能力，如此才能在職場上脫穎而出。

蓋洛普天賦特質鑑識

　　那麼要如何找出自己天賦特質？在由美國蓋洛普民調中心副總裁馬克斯‧巴金漢 (Marcus Buckingham)、曾任蓋洛普民調中心主席唐諾‧克裡夫頓 (Donald O.Clifton，Ph.D) 合著的《發現我的天才—打開 34 個天賦的禮物》(Now, Discover Your Strengths) 一書中，作者指出了三條幫助個人發現天賦特質的線索：渴望、快速學習、滿意度。

　　首先是發現自己的「渴望」。如果一個人十分渴望並熱衷於從事某項活動，那這項活動很可能就是天賦之所在。比如好

萊塢紅星麥特・戴蒙 (Matt Damon)，曾一度進入哈佛大學就讀，但卻因想持續投入演藝界，在學分未修滿的情況下肄業前往洛杉磯發展。戴蒙與好友，同時也是演員的班・艾佛列克 (Ben Affleck)，因為撰寫了電影《心靈捕手》(Good Will Hunting) 劇本而獲得奧斯卡金像獎的最佳原著劇本獎，而他本人也因同一部電影獲得最佳男主角獎的入圍提名。麥特・戴蒙和班・艾佛列克，對於表演以及戲劇的渴望從少年時期就展現出來，他們從十歲起就常常聚在一起討論演出內容，這就是藉由心中的渴望開發出自己的天賦特質。

　　第二條線索是「快速學習」。這是指一個人也許一直不知道自己具有何種天賦，但一旦有機會接觸後，就發現自己的學習能力在很短的時間內獲得令人意外的驚喜及成就。比如用繽紛多彩的色澤豐富了現今繪畫的印象派大師馬諦斯 (Henri Matisse)，出生在法國北部的他，在 18 歲時先至巴黎學法律，二年後回到故鄉當書記，原本的生活是跟繪畫藝術扯不上一點關係的，然而，就在 20 歲那一年，一件事情改變了他的一生，也對後世的藝壇，產生了重大的影響！

1890 年 6 月，馬諦斯因盲腸手術而住院，就在他療傷康復期間，母親買了畫具、顏料給他，本想讓他排遣無聊，不料他卻

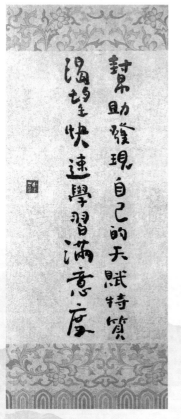

因此而迷上了繪畫，並因此棄法律而堅持走向藝術創造之路。習畫之路起步的晚，在 1895 年通過正式的考試，成為巴黎藝術學院的一員，連同在畫室期間，他總共陸陸續續地花了十一年的時間至羅浮宮臨摹，藉以吸取前人的經驗與菁華，終其一生，他好奇與好學的個性，使他能不斷學習，自我充實，也因此能自我突破，後來終於成為二十世紀的繪畫藝術巨匠，與畢卡索齊名。

　　最後一條線索是「滿意度」。這是說當一個人很專注並樂於從事某件事時，很可能表示這正是他的天賦所在。好比被譽為發明大師的湯瑪斯 · 阿爾瓦 · 愛迪生 (Thomas Alva

Edison)，也是世界上第一個發明家利用大量生產原則和其工業研究實驗室來生產發明物的人，在美國，愛迪生名下擁有 1093 項專利，而他在美國、英國、法國和德國等地的專利數累計超過 1500 項。愛迪生一天從事研究十幾個小時，曾有人問他這樣不會累嗎？他回答：「怎麼會累？我是在享受，不是在工作。」這應該就是滿意度的最佳表現了。

　　如果透過以上三條線索的追尋，還是無法肯定自己的天賦所在，也可直接利用《發現我的天才─打開 34 個天賦的禮物》這本書所附的代碼，上網進行「天賦能力剖析測驗」找出自己的專屬天賦優質。

羅伯‧波爾頓的人際風格分析

　　要進入人際風格的分析議題，先得瞭解什麼是人際風格 (social style)。由於每個人的人格特質不同，因此與別人交往所表現的行為模式也不一樣。人際風格乃依據人格特質及其如何與他人互動時可見的行為模式，將人們所作的分類。

　　人際風格著重在個人的行為，而非其天賦特質或個性。每個人做事都有其一貫作風，這經常都有脈絡可循。對於人際風

格的認知，通常並非取決於某次的單一行為，而是對其一系列行為長期的觀察，再歸納出足以顯示其特殊風格、自然表現與反應出來的綜合體。

　　瞭解自己及別人的人際風格有何必要性？十五世紀偉大的作家兼政治家馬基維利 (Michiavelli Nicolo) 說：「不先瞭解自己就去領導別人，或就想去領導別人，可說是有勇無謀，必將招致不幸與失敗。」的確，在生活和工作中，總不免會遇到許多形形色色的人，而每一個人在溝通中所表現出的特徵不大一樣。有句話說：「見人說人話，見鬼說鬼話」，這就是指和不同人際風格的人相處時，需要運用不同的溝通技巧。

　　透過人際風格的學習與判讀，會讓自己在與任何人溝通時做到遊刃有餘，不論是在家庭還是在工作中，都有非常高的效率，且容易達到圓滿的、共同的協定，讓自己增值。在台灣古諺上有云：「一種米，養出百種人」，處身在現代化社會中，人人強調自我個性化的自由與表現，因此如何彰顯自己的風格，又能認識、判別及容納他人的人際風格，正所謂「知己知彼，百戰百勝」，這也是邁向成功快樂的重要因素之一。

最簡單而快速識別人際風格的方法是：停、看、聽。放下自己的偏見、預設立場，仔細觀察對方形諸於外的服裝、表情、肢體動作，再來就是不帶判斷的聆聽別人的話，透過以上三個步驟，大致上就可以初步瞭解一個人的人際風格。除了透過個人觀察及體驗，以下介紹出自《知己知彼：人際風格與管理藝術》(Social Style/Management Style) 的人際風格分析測驗，不失為瞭解自己的有效分析工具。這是由羅伯‧波爾頓 (Bolton. R.H.)，在其著作中所提出，主要的設計原理是依照一個人行為果斷力與行為反應力之強弱度，經組合分析後，用來定義一個人的人際風格。

所謂的行為果斷力，是指一個人在行為態度上所表現的決斷與操控的態度，果斷力強則傾向果決與操縱，果斷力弱則傾向謹慎與支持；至於行為反應力，則是說明一個人在行為態度上所表現出來的情緒化反應與控制的程度，反應力強則傾向熱情與奔放，反應力弱則傾向冷靜自持與規律。

簡單判定自己的人際風格

一、選定自己的行為果斷力（二選一）

A：我習慣自由自在地發表自己的主見

B：我習慣先聽聽別人的說法再提出自己的主見

二、選定自己的行為反應力（二選一）

C：我既冷靜又理性的人

D：我是情緒豐富的人

三、判定自己的人際風格

AC ➡ 駕馭型人際風格（行為果斷力強　行為反應力弱）

此一人際風格的典型特徵是：獨立自主、講求成果、效率導向、坦率果決、任務掛帥，所表現出來的行為準則是明確制定自己的目標與方向，談話做事能很快抓住重點，然後簡明扼要的表達自己的意見。典型的講求實際、果斷、客觀、追求成果和競爭力強；獨立、願意承擔風險。是「下命令」的專家，只有在告訴別人應該做什麼事的狀況下，才能使自己停留在舒適區。

駕馭型又被稱為「獅子型族群」，具有高度的果斷力、低度的反應力，個性緊張，喜歡掌握權力，擅長「掌握」，屬於「打

天下」型的人。以管理學的角度來看，獅子們具備高支配型特質，競爭力強、好勝心盛，積極自信，是個有決斷力的組織者，胸懷大志、勇於冒險、分析敏銳，主動積極且具極為強烈的企圖心，只要認定目標就勇往直前，不畏反抗與攻訐，誓要取得標的物。

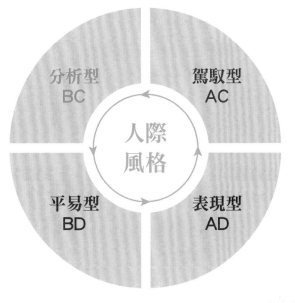

人際風格四類型

分析型
BC

駕馭型
AC

人際
風格

平易型
BD

表現型
AD

　　獅子型的企管人都傾向以權威作風來進行決策，當其部屬者除要高度服從外，也要有冒險犯難的勇氣，為其殺敵闖關。最適合開創性與改革性的工作，在打天下的時代或需要執行改革的環境中，最容易有出色的表現。

AD ➡ 表現型人際風格（行為果斷力強 行為反應力強）

此一人際風格的典型特徵是：熱力四散、喜出風頭、喜好玩樂且樂觀外向，所表現出來的行為準則是擅長情緒化的表達自己，好高騖遠，經常以新奇手法處理問題，同時也願意冒險來爭取機會及實現美夢。喜好趣味，擅長幽默和即興的行為方式，常能提振同事間的士氣。喜歡以未來的遠景誘惑人、說服人、振奮激勵人心，常能形成一股推動的力量。是「表達情感」的專家，只有在向他人訴說自己的感受時，才能讓自己保持在舒適區。

表現型又被稱為「孔雀型族群」，有較強的反應力及果斷力，個性熱情、外向，擅長社交，在團體中可說是屬於「對付外敵」型的人，是具有高度表達能力的人，社交能力極強，有流暢無礙的口才和熱情幽默的風度，在團體或社群中容易廣結善緣、建立知名度。孔雀們天生具備樂觀與和善的性格，有真誠的同理心和感染他人的能力，在以團隊合作為主的工作環境中，會有最好的表現；在任何團體內，都是人緣最好的人和最受歡迎的人，是個最能吹起領導號角的人物，在開發市場或創建產業的工作環境中，最能發揮其所長。

以管理的角度來說，當孔雀型企管人的部屬者，除要能樂在團隊工作中外，還要對其領導謙遜得體，不露鋒、不出頭，把一切成功光華都讓與領導。孔雀型企管人，不宜有個老虎型企管人當二把手或部屬；反之，若老虎型企管人有個孔雀型企管人甘願當其副手，則會是最佳配搭。

BD ➡ 平易型人際風格（行為果斷力弱 行為反應力強）

此一人際風格的典型特徵是：支持別人、關懷他人、態度合作、應對自如、忠心耿耿，所表現出來的行為準則是容易同情別人的需求，對別人行為動機相當敏感，在解決人際問題時，最能將心比心，設身處地地為別人著想。這種類型的人是「關心」專家，喜歡關心其他人的感受。

平易型又被稱為「無尾熊型族群」，有高度的反應力，但果斷力卻不足，個性平易近人，喜歡和別人共事，擅長做協調的工作，屬於「安天下」型的人，具有高度耐心能力，個性敦厚隨和，行事冷靜自持；生活講求律規但也隨緣從容，面對困境，都能泰然自若。無尾熊們適宜當安定內部的管理工作，在需要專業精密技巧的領域，或在氣氛和諧且不具緊迫迫時間表等的職場環境中最能發揮所長。

　　當企業的產品穩踞市場時，無尾熊型的人是極佳的總舵手。但當企業還在開拓市場的時候，獅子型或孔雀型較佔優勢。或許，勇於開疆闢土的老虎型當一哥，配以與人為善的無尾熊型當二把手，也是好的搭配。無尾熊型強調無為而治，能與周遭相處而不樹敵，是極佳的人事導向的領導者，適宜在企業改革後，為公司和員工重建互信的工作。又由於他們具有高度的耐心性，有能力為企業賺取長程的利益，或為公司打好永續經營的基礎。

BC ➡ 分析型人際風格（行為果斷力弱　行為反應力弱）

　　此一人際風格的典型特徵是：講求邏輯、貫徹始終、一本正經、有條不紊、謹慎小心、足智多謀，所表現出來的行為準則是喜歡以精確、深思熟慮和按部就班的方式做事，在行事之前，通常先收集許多資料，然後加以評估。一般來說，這類型的人大多是勤奮、客觀、組織力很強的工作者。是「資訊」專家，作成任何決定之前都希望有確實的資料，經常會追根究底以求心安。

　　分析型又被稱為「貓頭鷹型族群」，反應力和果斷力都較低，個性輕鬆、自在，具有影響力，凡事細細琢磨，屬於「治

天下」型的人，擅長做決策，具有高度精確度能力，行事風格重規條輕情感，事事以規則為準繩，並以之為主導思想。貓頭鷹們性格內斂、擅於以數字或規條為表達工具，不大擅於以語言來溝通情感或向同事和部屬等作指示，行事講究條理分明、守紀律重承諾，是完美主義者。

貓頭鷹喜歡在安全架構中的環境工作，且其表現也會最好。因為行事講究制度化，事事求依據和規律的習性，極為適合公務機關的行事方式。對改革行動，上者會先保持觀望的態度，再慢慢適應新的局面；中者也會先保持觀望的態度，然後呈辭求去；下者則會結集反對力量，公然表示反對或隱晦地從事反對的行為。由於此型人的行事決策風格，是以數據和規則為其主導思想，其直覺能力和應變能力都偏低，隨而創造和創新能力也相對地弱，因而不宜擔任需要創建或創新能力的任務。組織完善和發展安定的企業，宜用貓頭鷹型企管人當家。他們尊重傳統、重視架構、事事求據，和喜愛工作安定的性格，是企業安定力量的來源。

雖然這是一套源自西方的科學分析法，但它也適用於東方文化中，曾有學者以《西遊記》裡的角色來呼應，最為人熟知的孫悟

空，代表具高支配能力、競爭力強、好勝心盛、積極自信，認定目標就勇往直前，不畏反抗與攻訐，誓要取得標的物的駕馭型。唐三藏則代表行事作風總是一本正經、有條不紊、謹慎小心，反應力和果斷力都較低，但凡事細細琢磨，喜歡以精確、深思熟慮和按部就班的方式做事的分析型。至於活潑愛現的豬八戒，就是熱力四散、喜出風頭、喜好玩樂且樂觀外向的表現型；而一向平和忍讓的沙悟淨，象徵的就是支持別人、關懷他人、態度合作、應對自如、忠心耿耿，最能將心比心，設身處地為別人著想的平易型。

　　在作者吳承恩活靈活現的筆觸下，儘管風格迥異，但每個角色都是活得如此精采，最後並齊心協力的完成取經大事，這也表示著一個優質團隊的組合是各種人際風格都缺一不可的。就我個人擔任領導者的角色而言，不管部屬個人的天賦特質及人際風格取向為何，只要能認清自己「揚長補短」，駕馭型的能自信而不自傲，表現型的能出色而不礙眼，平易型的能平凡而不平庸，分析型的能細緻而不繁瑣，致力於提升自己的人際風格，自然能在職場上加分。

提昇自己　找到人生的方向

　　雖然瞭解自己的天賦特質與人際風格，在職場上是很重要，不過也要提醒它們對於一個人所應該選擇哪一領域，雖然可以提供選擇的方向指南，但是不應該將此奉為唯一圭臬。對於不清楚自己天賦特質的人，請找出屬於自己的主導特質，並加強知識和技巧，然後盡情發揮所長；而已經清楚自己的天賦所在，卻還是無法如願有所發揮時，請靜心檢視自己的人際風格。因為這兩者都可喚醒新的自覺、認同自己的獨特性、對於生命產生新的態度，找到人生的方向，而且每個人都是獨一無二的第一名。

遵循聖嚴師父管理大師及佛法指引 更清晰認識自我

在經過科學自我人際風格及天賦優質分析之後，我們可以經由佛法及聖嚴師父的開示，對自己有深一層的認識自我。

聖嚴師父在《認識自己才能有所成長》一書中說：「從自我肯定、自我提升，到自我消融，是從『自我』到『無我』的三個修行階段。」

麻省理工學院的知名管理學者彼得・聖吉其代表作《第五項修煉》提到：「一個人自己的生活與生命中，最重要的自我修煉之一，就是自我超越（Personal Mastery）」，透過技巧的精熟達成自己在職場自我實現的目標，自我超越則是深一層磨練後，超乎原來成就目標。

經由融合後，發展出我個人深一層認識自我藍圖（Road Map）：

自我認知→自我肯定→自我提升→自我實現→自我超越→自我消融→放下自我。

有心的讀者，可以從聖嚴師父的著作，找出相關部分一步一步，紮紮實實的深一層的認識自我。

另外，四念處是一個佛教修行者欲潔淨自身，超越憂悲苦惱，行正道而證涅槃的最佳指導途徑，四念處之認知與修行，

可以提升我們的執行力與洞察力，對事情之真相看得更清楚，又有小我與大我之自覺性，這對自己的人生真諦將有不可思量之助益。

「觀身不淨、觀受是苦、觀心無常、觀法無我」四念處的精神在如實的自我觀照、自我覺察、自我轉化、自我消融。

身念處 自我觀照色身的組成和運作狀態，捨離對色蘊的執著。

受念處 自我覺察情緒變動，轉化和疏導內在緊張、壓抑、焦躁、不安、恐懼、憤怒等負面情緒，捨離對受蘊的執著。

心念處 發掘自己的妄想，然後轉化它，內心就會愈來愈善良、純淨，捨離對想蘊、識蘊的執著。

法念處 消融以自我為中心的行為與執著，捨離對行蘊的執著。《金剛經》云：「菩薩心不住法而行布施，如人有目，日光明照，見種種色」。

對四念處的觀念有更深入的體悟後，不但可使自己更瞭解自我，更可進一步改善自我，超越自我，達到煩惱止息及清涼解脫的境界。

　　我們除了學習佛陀的「**天上天下、唯我獨尊**」的氣概，同時也要學習佛陀的「無我」精神，佛在《金剛經》中說：「**有我者，即非有我。而凡夫之人，以為有我**」。

　　我在職場將近四十年之體悟，一個人的成功大部份是因為他有「心」與「能」來平衡極端的對立，例如我們既要有「大我」的氣概，同時又要具備「小我、無我」的謙卑精神，才能過一個如實、快樂與有意義的職場生涯與人生。

　　《三國演義》卷頭引用楊慎的「臨江仙」詞，值得我們深刻地與「觀法無我」一起參一參的：

滾滾長江東逝水　　浪花淘盡英雄
是非成敗轉頭空　　青山依舊在　　幾度夕陽紅

白髮漁樵江渚上　　慣看秋月春風
一壺濁酒喜相逢　　古今多少事　　都付笑談中

　　中國佛學研究巨擘賈題韜先生曾說：「禪宗內沒有別的，只有你自己，你認得你自己就了事了。」認識自己、發揮自己的特質，讓我們過一個充滿意義的人生，就是人生最重要的功課。對四念處的觀念有更深入的體悟後，不但可使自己更瞭解自我，更可進一步超越自我，改善自我，達到煩惱止息及清涼解脫的境界。

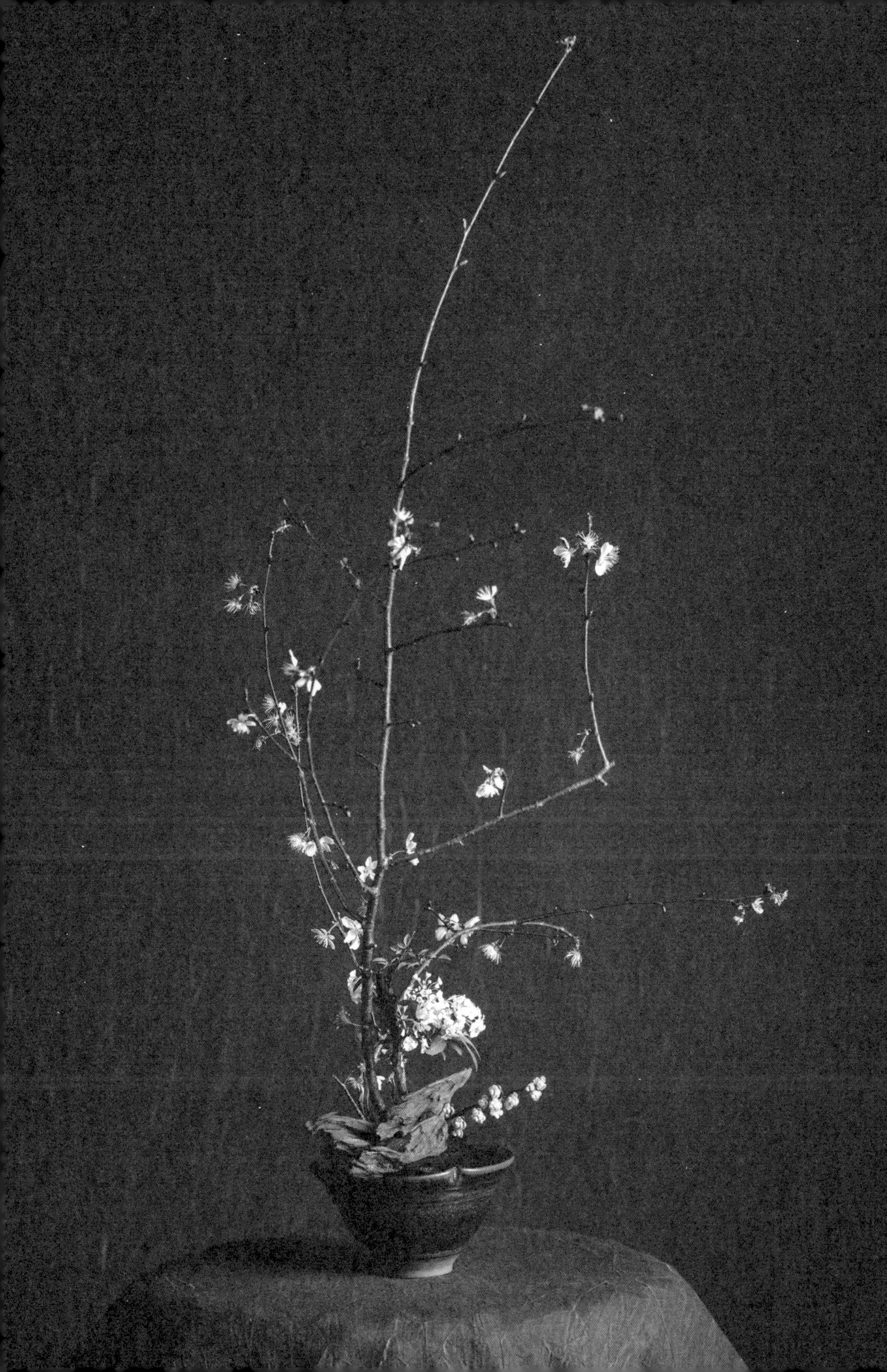

Chapter 1

第四章　心的高一層修煉

　　禪宗五祖弘忍說：「制心一處，無事不辦」，聖嚴師父在法鼓山提倡的心靈環保及人間淨土理念，其理論依據，《維摩詰經》「佛國品第一」「若菩薩欲得淨土，當淨其心，隨其心淨，則佛土淨。」。又聖嚴師父在闡述心的修持最精準的一句話「如何成佛道？菩提心為先。何謂菩提心？利他為第一」。

　　一個領導者在職場要成功卓越最需要最需要弄清楚的是：

一、　我願意做什麼？

二、　我能夠做什麼？

三、　我應該做什麼？

　　上述之「願意」「應該」都與個人在心的修持，有著相當深切的關係，假如每一個高階領導，都能以菩提心及利他心為先，則整個組織運作將十分和諧順利，並且呈現生機勃勃的景象。

　　在參加法鼓山菁英禪三前，我以道家的「宏觀願景」，及個人「二意、三心」的修持，作為職場待人處事的準則。

宏觀願景

明朝開基大臣道家劉伯溫對心有如下之說明：「大丈夫能左右天下者，必先能左右自己…大其心究天下之物，虛其心受天下之善，平其心論天下之事，潛其心觀天下之勢，定其心應天下之變」。

二意三心

聖嚴師父說：「淨化世界，從那個人內心開始。」個人內心的修持是淨化世界的起點，個人職場的平順與卓越傑出從此出發。

➡ 執意

世上不如意常十之八九，尤其在職場中人事問題錯綜複雜，顧客之需求變化趨勢不易掌握，競爭者之間競爭幾乎可用白熱化來形容，遇到挫折困頓失意應就是正常，如何接納它，且能持續地找到有利的機會，執著地一試再試，不屈不撓，直到達成目標為止。

➡ 樂意

若工作的意義，只是為了績效表現，則工作就成為一種負擔，提昇工作的意義，成為享受工作之樂趣，就能輕鬆自在達

成卓越傑出的表現，對於工作過程中之挫折與挑戰，亦能帶著較為寬慰的心態去面對，而樂在其中。

➡ 感恩心

這種正面的態度就是一種能讓自己覺得心平氣和的事，對於所有的人我們都該存著一份感恩的心，因為任何一種情況不論是逆境或是順境都是幫助我們人品上、人格上的成長，正面的給我們幫助我們感激；反面的使我們遭到挫折讓我們從人生中得到經驗和成長。

聖嚴師父教導我們：時時以感恩的心來過生活，「自我」就會消融。因為知道宇宙之大，個人實在是太渺小了，一個人所知、所能、所奉獻的都是微不足道的，但反觀我們所接受的恩惠，卻太多、太大了。

➡ 正心

我們無法預知生活的各種情況，但是我們能以正面積極的態度來適應它，這就是「正心」的意義。我們無法改變天氣，但能改變自己的心情，不能改變自己的容貌，但可以展現笑容，不能去限制他人，但可以掌握自己。無法預知明天，但可掌握今天，利用今天，不可能事事順利，但可以事事盡心盡力。

待人需事的準則
二意 執意樂意
三心 感恩心忠誠心

➡ 誠心

　　古語有云：「心誠求之，雖不中，亦不遠矣」。待人處事，一本誠心，即使有所偏差，雖不一定得到別人的諒解，但至少可以心安理得。弘一大師說：「善化人者，心誠，色溫，氣和，詞婉，容其所不及，而諒其所不能，恕其所不知，而體其所不欲，隨事講說，隨時開導。」

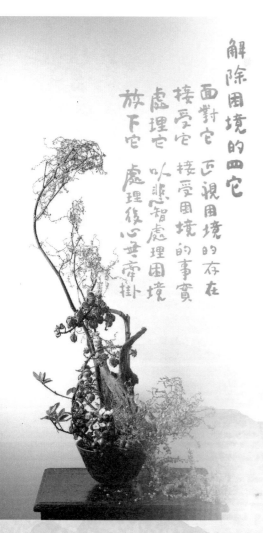

解除困境的四它

面對它 正視困境的存在
接受它 接受困境的事實
處理它 以悲智處理困境
放下它 處理後心無牽掛

從佛法學習心的更高一層修煉

對學佛弟子而言,從佛法中學習到心的更高一層修煉,是我們最重要最有益於職場生涯的瑰寶,我從聖嚴師父的「心」五四運動,四攝心及金剛經與維摩詰經獲益最明顯。

聖嚴師父提倡的「心」五四運動,就是將佛法應用在日常生活,解決在目前人心浮動不安狀況下 最好的指針。它包括「四安」、「四它」、「四要」、「四感」和「四福」等五個項目的 20 種安心方法。

四安 提升人品的主張

安心:在於少欲

安身:在於勤儉

安家:在於敬愛

安業:在於奉獻

四它 解除困境的主張

面對它：正視困境的存在

接受它：接受困境的事實

處理它：以悲智處理困境

放下它：處理後心無牽掛

四要 自求平安的主張

需要的不多

想要的太多

能要、該要的才要

不能要、不該要的絕對不要

四感 人相處的主張

感恩：使我們成長的因緣

感謝：給我們歷練的機會

感化：用佛法轉變自己

感動：用行為影響他人

四要 自求平安

需要的不多

想要的太多

能要該要的才要

不能要

不該要的絕對不要

四福 增進福祉的主張

知福：知足常樂，是最大的幸福

惜福：珍惜已經擁有的，發揮最大永續的功能，是最好的儲蓄

種福：成長自己，廣種福田

培福：應用擁有的資源，成就自己，利益他人。

四攝心

佛法四攝心是利他心最具體的實踐，從佈施來分享他人，愛語的鼓舞他人，利行的成就他人到同事的換位思考，都是以利他為優先考量。也是聖嚴師父期許我們發揮菩提心的四大步驟。

布施

在職場工作至一定的職等水準後，就要開始做佈施的工作，從最簡單的財佈施開始，在每月的收入中，節省出一小部份，做為濟助有實際困難且值得幫助的人。

更進一步的佈施，則需要自己在工作領域或自己優於別人的專長，不存私心與期望回報的心態，分享給別人，真誠地指導，使接受的人能夠學習提升，這就是法佈施的精義。

最後，則要幫助周遭的工作夥伴，免於失業打擊之恐懼，這就是無畏佈施。要達成此一目標並不是意謂著我們和稀泥，優劣

不分，而是要我們勇於承擔責任，使企業得以永續經營並且幫助你的部屬或其他同仁，日日精進、日日成長，成為組織或其他職業所需之人才。

愛語

在職場工作，人際關係關乎我們是否容易得到他人之幫助，經常口出蓮花，鼓舞周遭接觸的人，無論職位高低，是否目前有無利益關係，除了擁有做好事的能力之外，更進一步具備說好話之習慣，則在職場工作將更加順意成功。

利行

在職場上，開路給別人走，幫助別人成功，就是幫助自己開出一條坦途大道，邁向成功之路。在自己的周遭，很多人想幫助你，希望看到你成功，則你的成功機率將大為提升，反之，則將戰鬥爭逐的十分辛勞。領導者必須以積極、熱忱利他的心態為基礎，摒除自私自利的念頭，時時刻刻以他人的利益為優先，才可能發揮最大的力量。若是缺乏此一基礎，種種為訓練領導能力而發展、培養出來的技巧，都會變得膚淺，別人很容易就能看穿你言行上的不一致，當然也就不會全心全意地貢獻所有潛力。

同事

　　用現代職場的術語，同事就是我們經常說的同理心或可進一步引申為團隊合作，待人處事先以別人的立場或利益為思考方向，在團隊中將團隊利益放在個人利益之前，雖然不易樣樣做到，但至少不要讓別人認為你只為自己打算，無視於團隊整體利益。

心的修持－金剛經＋維摩詰經

　　我們普通人生活上的一切，幾乎都是在「有為法」的範疇。不管是精神上的或物質上的事或物，包括所有有形有相看得見的「物」及 無形無相看不見的「事」，在佛學裡都叫做「法」。金剛經有云「一切有為法，如夢幻泡影 」意即所有事與物都沒有絕對客觀的真實性、永恆性。

　　我個人領悟到學佛的根本真諦，就是修持金剛經裡面的「降伏其心」，就是減低外境對我們的負面心態影響。

　　初持誦《金剛經》，對於佛陀的宏願，「對所有一切眾生之類，皆令入「無餘涅槃而滅度之」，這種宏願自己連想都不敢，一段時間後，體認到「降伏其心」對一般凡人應該從「降伏自心」

先做起，我從經典苦心尋找如何「降伏自心」，皇天不負苦心人，最後從《維摩詰經》裡面找到相應的修持法門。

　　《維摩詰經》有云：「心常安住 念定總持」，「一切無為法，如虛亦如空，如如心不動，萬法在其中」。這意思是說相對於「有為法」就有「無為法」。無為的意思是指修行的方向愈來愈朝向「空」裡走，愈走愈少，愈走愈沒有，心的境界就愈來愈清淨，愈來愈沒有相，愈來愈空。我們的心念處於一種非常安定與清淨的情況，不受環境的污染與困擾，能包容一切、接受一切、涵蓋一切。空不是一無所有，而是能包容一切、接受一切、涵蓋一切。心的修煉，到達如如不動的境界，心就愈來愈清淨，愈來愈沒有相，愈來愈空。當心愈清淨愈空，領導者就愈能發現新商機，創造新領域。

　　高階領導在面對高速變化，科技日新月異的時代，除了解決不同問題的挑戰之外，還得發現新商機，創造新的領域，才能克服被時代淘汰的命運。這就非得有更高一層心的修煉，才能應付裕如。我個人認為利他心及如如不動心，無相與空的境界，是所有學佛弟子應該努力的目標。

第五章　更高智能境界提升

聖嚴師父的《禪式管理學》，對所有領導者在智慧境界提升最佳指引方針，「心量要大，自我要小」，就是教導我們心的修持與領導管理技巧要並重，如何在科學領導管理技巧學習加上佛法禪修的相乘效果，是我從師父學習到如何如實得意於職場的瑰寶。以下是我個人經驗分享：

要讓自己在職場商場上，具備比別人有更紮實的能力，就得有一套次第提升的戰略藍圖，個人從佛法學習「三相次第」的領悟，創新出以「技、智、得、道」邏輯，提升現代科學管理能力。

佛法學習「三相次第」

第一個階段的「**文字般若**」，就是對經文文字的正確瞭解，能貫穿文字的含意。這個階段，就好比我們擁有一張正確的地圖，可以幫助我們到達目的地。

第二個階段的「**觀照般若**」，這是不僅止於文字瞭解，更進一步能統攝經文中的觀念，並與生活相應，生活中就依照經典的精神來實踐。這樣日漸深化，最後我們的心念、言語、行動，都不離經中的智慧。這就好比我們依照地圖，實際行動，日漸趨近目的地。

第三個階段是「**實相般若**」，經過不斷的純熟、實踐，到最後經典中的境界現前，不必再經過意想分別，就是這樣如實的境界。這就好像我們按著地圖走到了目的地一樣。

提升管理能力四階段

在過去十多年的高階企業主管及政府高級領導管理發展訓練課程上，依佛法「三相次第」而引申出以技、智、得、道四階段邏輯提升程序來教導學員提升自我的「能」。

技

正如棒球選手參加比賽所給我們的啟示，光有一股「發大願」的心想贏比賽之勝利。然而，偏偏就是技術差人一截，想要獲得勝利，那真是緣木求魚的空想。

企業經營管理要具有的技巧，簡單歸納應有以下四種：

（一）作業技巧（OPERATIONAL/PROFESSIONAL SKILL）

（二）管理技巧（MANAGEMENT SKILL）

（三）人際技巧（HUAMAN RELATIONSHIP SKILL）

（四）理念性技巧（CONCEPTUAL SKILL）

➡ **作業技巧**

所謂作業技巧，指的是對某一項特殊活動的理解與熟練而言，尤其是涉及方法、程序和步驟的活動，例如外科醫生的技術，會計人員及工程師在專業領域上的技術。

作業技巧包括甚廣，例如：人們的專門知識，對其專門領域上的分析能力，以及有關工具的使用以及專門項目的操作技術。

在今天這個事事講求專業化的時代中，所謂「一招鮮，吃遍天」所意指的就是要具備一門專門技巧，使自己在職場上得到最佳之保障，現時代在企業推行的種種專業訓練和在職訓練，可以說大部分都是以訓練員工的作業技術為主旨。

➡ **管理技巧**

《荀子》〈解蔽篇〉有言「農精於田，而不可以為田師，賈精於市，而不可以為市師」。短短數語，道出一個企業人要成為一管理者或領導者，除了在作業技巧上有所修持之外，還要具備其他的技巧方能勝任。

管理技巧的精義，是在於學習如何有效地將人力與物資資源導入動態組織單位中，以達成既定之目標，使接受服務者獲得滿足，亦使提供服務者享有高昂士氣，即有所成就感的一連

串活動。彼得・杜拉克曾說：「管理者忽視未來，因為他們連今天的緊急事情都應接不暇了，更遑論明天的事。說起來，這也是一種症狀，其實真正的弊病是：欠缺知識基礎與處理問題之方法與體系」。

　　聞名世界的日本策略管理大師大前研一更露骨地指陳：「大多數的人都是生於組織、活於組織、死於組織；遺憾的是大多數的人對於組織依然是無知的。原因就是大多數的人對於管理方面的專業知識技能學得少、用得更少。」根據「台灣領導力趨勢標竿研究調查」結果顯示，有 56％的經理人，是在上任後才開始學習管理技巧的。

➡ 專業經理人應具備的管理技巧

　　根據我自己二十多年之工作經驗與心得，體認到以下 18 種管理技巧是最需具備的：

1. 甄選與任用 (Targeted Selection)
2. 訓練與諮導 (Training & Coaching)
3. 溝通管理 (Management by Communication)
4. 時程管理 (Time Management)
5. 5W2H、魚骨圖、SWOT 分析

6. 目標管理 (Management by Objective)

7. 績效管理 (Management by Result)

8. 目視管理 (Management by Visibility)
   －走動式管理 (MBW) 及色彩管理

9. 例外管理 (Management by Exception)

10. 重點管理－ 8020 原理與 ABC 重點分析

11. 人性管理 (XY 理論)

12. 激勵管理 (Management by Motivation)

13. 參與管理 (Management by Participation)

14. 成本與利潤管理 (Profit Cost Management Skill)

15. 授權管理 (Management by Delegation)

16. 專案管理 (Project Management)

17. 流程管理 (Process Management)

18. 衝突管理 (Conflict Management)

有很多職場上仍然不是主管的年青朋友，經常有一個非常錯誤的見解，認為管理技巧是在當上主管「管理他人」才需要具備的技巧，殊不知自我管理的修持是不論任何職層都是最關鍵的成功因素。例如時程管理、溝通管理、例外管理、重點管理、5W2H、魚骨圖與 SWOT 問題分析技術等等，皆是所有的人在任何職業、職務都需要俱備的。

➡ 人際技巧

管理者除了要具備專業技巧與管理技巧之外，另外就是要具備高度的人際技巧，才能使得前兩項技巧得以發揮，產生期望之成果。人際技巧主要的功用是在於瞭解他人及工作群體的態度、看法和信念，從而運用有效的因應行動，使得自己與週遭的相關人員，均能感到舒適、滿足及充滿意義，管理者的工作絕大部分要靠別人

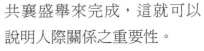

共襄盛舉來完成，這就可以說明人際關係之重要性。

美國名企業家約翰‧洛克菲勒 (John D Rockfller) 曾說：「我願意付給具有超高待人能力者較具備其他能力者較高的薪酬」。

做為一個學習與應用佛法來處事待人的佛教徒，我們在人際關係的圓熟度是要

比一般人要俱備優勢的，舉個簡單的例子，若我們以大家學佛最基本的四攝心來做為待人處事的基本原則，則我們在人際關係的得分將是十分的。

若以布施心行事待人，有捨就有得，尤其是法施與無畏施在職場上，將為我們提昇人際關係帶來極佳的正面效益。愛語的應用，使我們時時口出蓮花，遇事則遵循理直氣和、義正辭婉之原則，利行心則將引導我們服膺「為大將者，無赫赫之功」之信念，將工作成果之功勞，歸功於其他共事者或部屬，不居功，不誇大自我之貢獻。同事就是以同理心處世，同理心就是在人際交往的過程中，能尊重對方的人際風格特質，體諒對方的的情緒與想法，理解對方的立場和感受，並站在對方的角度去思考與處理問題。

➡ 理念性技巧

理念性技巧就是去蕪存菁以掌握事物經緯脈絡之洞察力，對外在事件如何影響內在環境或內在事件如何影響外在環境之聯想力，以及對事物演變態勢所發揮之判斷力。理念性技巧是隨著工作職位的提昇而增加其必要性與重要性的。

智

　　技術是經過訓練與學習就可以獲得，再加上不斷的運用就可以臻於熟巧。智的功夫則需要心智的理解，不但能夠實事求是而且要能夠洞達事情之所以然，也就是多用心想，多用眼睛看，多用耳聽，多用手做，從理性的認識中與經驗的印證，從而具備完整觀念之概括性與系統性。

　　一個人的技能與知識要達到深而且廣，不能光靠從正式的學習管道。佛法中的「聞、思、修、證」是我們終身提升自己最佳的原則。

　　另外，「守、破、離、道」也是我用來提升自己智能的好方法，一開始先「守」著公司的標準教導，照章行事。慢慢地經由實際的體驗，找出它的真正內涵後，便「破」繭而出自己的思想與看法。接下來就產生自己的主張與原則，經過驗證，新的方法已比舊的方法更有效。最後形成自己一套系統化的做法，運用自如，可以用來教導別人，成為別人學習的對象。

　　那麼我們如何幫助我們自己在管理與領導的領域上，能夠動洞達事實之所以然，實事求是，使的我們在面對各種問題時，

能夠達到前述「修」與「破」的境界，也就是將我們學到的各種技巧提升到「智」的階段。

得

技術加上人文、哲學與歷史素養，可以成為智識，再透過生活與行為的具體實踐，才庶幾可以稱為「知行合一」的「得」。

孔子說過：「下學而上達」。荀子說：「真積力久則入」。儒家的頓悟，在始於學而思，進而懷疑，再進而決疑，疑難解決了，則智慧自得，再進而豁然貫通，運用自如。心得的積累，自然造就各種經營能力之提升，從而產生個人的經營魅力，再進而就可以形成經營理念。

道

我們學習一項技術或一種藝術，要歷經三個階段才能達到最高境界，從初入門依樣畫葫蘆的學習，達到有技術、有巧思的境界，再經過一段時間的磨練提升到達藝術之境界，最後再經整體之整合與融會貫通達到「道」之境界，這就是「技、藝、道」。而佛家四聖諦「苦、集、滅、道」的說法，更可以拿來作為一個經營管理者在職場向上提升至最高境界的方法。

所以經常當我們稱譽一個人的某種技藝最高的讚譽，就是達到了「道」的境界，所謂「道境」是指個人對於自己所從事工作所需的知識、技術或能力已經熟練到爐火純青的化境；他在工作的時候，覺得已經將自己的能力展現出來，完成自己最滿意的作品，並達成個人長久以來所追求之理想、所感受到的成就感。

佛法與智慧提昇

　　佛法是十分符合邏輯性、科學性與簡單性的，經過歷代高僧大德之整理印證，教導我們如何自我提升的程序，其中我認為最值得拿來應用的有**三無漏學**、**四它**、**四聖諦**、**六度波羅蜜**與**四無礙**。

三無漏學

　　六祖壇經很簡明扼要地教導我們：
心地無非自性戒
心地無亂自性定
心地無癡自性慧

釋迦牟尼佛用正法「戒、定、慧」三學來治眾生最通常的病痛， 第一：造惡， 佛用「戒」學來對治，第二：人心散亂，不能得定， 不能清靜， 用「定」學來對治，第三：愚癡，佛用「慧」學來對治。

四它　面對它、接受它、處理它、放下它

聖嚴師父曾經在台灣大學的畢業典禮上，對畢業學生說：我這一生，從不求事事順心，也不求沒有逆境出現。在遇到逆境的時候，我是這樣處理的：首先告訴自己：「**山不轉路轉，路不轉人轉，人不轉心轉。**」只要想法一轉，現前的困境就不存在了；困境不存在，自然而然就會發現新的出路。此外，要「面對它、接受它、處理它、放下它。」有些事情，想來想去沒辦法處理，那就接受它吧，接受就等於處理，也就可以放下了。放下以後，心上不要牽牽掛掛、怨恨悔惱，如果你還在牽掛、怨恨，自己就雙倍倒楣了，因為你的信心不見了，勇氣也沒有了。在我最困頓的時候，我形容自己就像是在被五花大綁的情形下，我的心還能自在地打太極拳。只要不以為自己倒楣，也就沒有什麼事可以困擾我的了。

四聖諦

四諦就是四種真實不虛的道理。達賴喇嘛說：佛教修行的大架構就是根據所謂的「四聖諦」，這是釋迦牟尼佛第一次轉法輪所教導的，四聖諦代表著整個佛教修行之道的基礎，分別是：

苦諦 苦的真相

集諦 苦的起因的真相

滅諦 終止苦的真相

道諦 走向終止苦的道路的真理

在職場生涯中我們若只依靠正式學習管道，學得新技巧，那就有侷限性與時效性之缺憾，我從佛法中學習到的「**聞、思、修、證**」與「**苦、集、滅、道**」就給了我相當大的助益。工作中無論是無聊的書面作業，或是遇到令人不愉快的上司或難纏的顧客，如果能本著吃苦就是吃補的心境

去因應，便會發現那是一個難得的學習機會，應該對提供此一
難得機會給你的人心存感恩。

經過多年的體悟實證，我將佛法四聖諦融入職場，整理如下：

苦諦 挫折、困頓、挑戰

集諦 問題分析與解決方案

滅諦 經驗、技巧、心得、智慧

道諦 整體理念

苦能提昇我們對人生意義的體驗，也能激發我們生命的潛
力，成就更高層次與境界的成果。葛哈瑪 革林（Graham Green）
在其著作《第三者（The Third Man）》一書中說道：「在義大利
波加王朝統治的三十年中，有戰爭、恐怖、謀殺、流血殺人事
件層出不窮，但同時也出現了米開蘭基羅、達文西與文藝復興
運動。在瑞士，五百年來統治者勤政愛民，全國和平自由，但
他們發展出來什麼？布穀鳥鐘而已。」

美國開國政治思想家湯姆士 潘恩（Thomas Paine）曾說：「凡
事得之太易者必不受珍惜，唯有付出代價，萬物始有價值，上
蒼深知如何為其產品訂定合宜的價碼。」

宋朝在中國政治歷史上被歷史學家評為「國力積弱」，尤其南宋偏安南方，然而眾所周知，南北宋時期文化藝術之成就，放眼中國各朝歷代，可謂最為輝煌的一頁，文學、詩詞、書法、繪畫、陶藝創作⋯綻放千年光芒至今不墜。

　　若我們能以能海大師的偈語勉勵自己，將對自己的修行與提升有顯著的助益：

　　　厚福受享　德行墮落
　　　名譽光榮　我慢加等
　　　養生優渥　病難更多
　　　順勢安逸　般若無緣

六度

　　六度就是我們學佛的人耳熟能詳的**布施、持戒、忍辱、精進、禪定、智慧**，在職場中若我們能秉持此六度為精進藍圖，就能產生般若智慧。

　　達賴喇嘛對六度般若智慧修曾給我們如下的開示：「在我們認識到人生緣起遍滿之苦之後，會開始對於世間的體驗，以及一切在本質上痛苦的事情，生起一種深刻的甦醒，這會引發

我們內在真實的願望，渴求達到解脫的狀態，完全超越那樣的不滿足和痛苦，當受到如此深刻而真實的出離感啟發，然後開始修持「止」（單一的專注）和「觀」（對現象本性的特殊觀照），表示已經在做基本修行的要義，以此做為基礎，在渴望解脫時，並不僅只局限於自己從苦中得到解脫，而能夠延伸包含一切眾生的利益，在渴望快樂和避免痛苦上，世上一切眾生都和你自己一樣，如此你已經奠定正確的大乘修行基礎，當有著這樣一種利他的態度，然後修行六度，這就包含大乘修行之道的精要。

　　六度修行可以歸納為智慧和善巧方便的修行，也就是說方法不能孤立於智慧之外，智慧不能孤立於方法之外。

　　任何一個平凡的人，若能遵循佛法的止與觀之基本修行，再進而做六度的修持與提升，則達成職場生涯之高峰成就且充滿著意義，將是踏實可及的。

一、布施

　　為什麼在六度波羅蜜修行提升般若智慧要以布施為首要呢？一般人總有一個誤解，以為布施只是財布施在提供財物，

以濟助他人，殊不知其實法施與無畏施才是我們在職場中，更為重要且實際的善行，要完成法布施與無畏布施，最重要的是首先要自我有布施的宏願，先從提升自己的能力與智慧做起，靠自己能力與智慧，在職場上有一個穩固的好收入來作財布施，有了更高深的智慧來作法布施，更可以創造一個和諧無畏的工作環境，給你的跟隨者或部屬。

二、持戒

　　學習佛法的過程中，我們經常聽聞的是五戒或十戒之修持，在職場的個人智能提升過程中，持戒觀念之應用，則可將之轉化為戒律與方法，依照公司的規章守則，達成組織期望的貢獻目標，在學習方面，照著先輩或上司的教導方法，本著「守、破、離、道」之順序，不違背公司之規定，這就是職場持戒的精義。

　　在學習佛法的過程中，應用到職場上，最多且頻率最高的是，從聖嚴師父學到的處事方法「面對它、接受它、處理它、放下它」。

三、忍辱

　　中國古書上常常說：「士(讀書人)可殺，不可辱」，可見一個人受到侮辱是何等大事，《金剛經》上面告訴我們，「一切法得成於忍」，你沒有忍耐，你什麼事情都不能成就。將佛法忍辱波羅蜜修行應用到職場上，可以引申這個「辱」為一切挫折與困頓，也就是我們在「苦集滅道」所強調一個人在職場上的提升方法，透過正式訓練與上司的諮導，那是很重要的一部分，然而，與經由克服挫折與困頓，經由「苦集滅道」的提升，其收穫與境界，那是完全不同的。故古人說：「必有容，德乃大；必有忍，事乃濟」。

四、精進

　　「精進」，正如同儒家所說的「日日新，又日新」在職場上我們從依樣畫葫蘆學習技術開始，慢

慢產生巧思，做事總比別人做得又快又好，經常能超出上級主管的期望，再加上佛法及其他古典經集與歷史經驗之借鏡，我們的境界就由技巧進步到智慧，再將智慧累積與突破，產生自己與眾不同的獨特心得，最後達成藝術化境，並形成自己一套完整的理念，此時，就可以悠遊自適享受職場的樂趣，也就具備從事法布施的能力，這就是一步一腳印的精進歷程。

五、禪定

觀而後能止，止而後能定，定而後能靜，靜而後能慮，慮而後能得。在職場工作並非苦幹蠻幹就可成事的，我個人在參加聖

嚴師父的精英禪三後的最大助益，就是透過禪坐之後，得到身心靈的清淨，再將工作或管理思維上的挑戰與難題，重新拿來思慮檢討，許許多多的工作挑戰與難題，就此得到化解，同時也幫助我獲得很多管理上的新心得，這一切都是由於禪定後的助益，才能有所突破。

六、般若

透過前面五度波羅蜜修行，我們的最終目標是獲得般若大智慧，也就是我們在職場所說的藝術或化境的成就，到了此一境界，正如儒家所說的「從心所欲不逾矩」。持誦《心經》《金剛經》並加以吸收瞭解應用，許許多多職場的般若大智慧就蘊藏在其中，等待有緣有福報的人，去發覺去證悟。

四無礙

佛法「四無礙」的義理，更是幫助我整合西方管理領導方法，與上述佛法更高一層智慧提升於一統的整體架構，且提供更詳盡的實施步驟，溝通及領導者心態的最佳指導原則。

義無礙：理念、架構、系統

法無礙：制度、規章、方法

辭無礙：溝通、激勵、諮導

樂說 (悅) 無礙：樂在貢獻、天職

在現今的職場生涯中，一般的專業經理人大多只是學習西方國家所發展出來的管理及領導理念與技巧，其實從學習、落實佛法中的三無漏學、四聖諦、六度及四無礙，每一樣都是好的不得了的瑰寶，對我們的人生成功圓滿的幫助實在是太大了，期盼所有學佛的有緣人，能以信解行證的程序，從而得到職場生涯卓越成功最穩固的基石與方針。

第六章 Pro-VT®
標竿績效管理系統架構與實證

　　在我個人的人生生活準則中堅信：「凡是你用不到的修煉，全部是生命中無謂的空轉而已」。因此，在遵循佛法修煉菩薩行大悲（信念 方針）大願（自我認知 心的修煉）大智（智慧如海 智慧提升），具備了管理自己及統理大眾的基本能力，就得實際發揮在人生及職場上，獲得自己期望的成果，但是要達到一切幸福無礙境界，就非得靠自己一步一腳印，如實的累積經驗，達成自我成就（自利）及成就他人（利他）的理想。

　　本著佛法義無礙（理念 架構 系統）及法無礙（制度 規章 方法）之基本精神，多年來一直嘗試著創建一套既可以達成個人自我高峰成就，又可以建設高效能幸福企業組織的系統架構，經過多年的思考修正，及個人工作體悟，提出我的職場「菩薩行」理念架構網。

　　聖嚴師父在《修行在紅塵》一書中說：「 大家要用佛法把這個現實的社會照顧好，把自己和家人照顧好，才是初發心的菩薩所應有的責任。」這就是在我的理念架構網的自覺（自利）

的部分，在照顧好自己和家人，達到成功圓滿的境界之後，師父又期許我們「要發菩薩心行菩薩道，在娑婆世界廣度眾生」。這正是系統中，從自覺（自利）到覺他（利他）部分要我們努力的，利用自己的信念，願心及智慧，組建優質團隊，達成高績效幸福企業的目標。

1988 年花旗銀行在台灣試行用完全沒有金融經驗與背景的人士，經營台灣的消費金融，我因緣際會成為台灣所有分行總監，三年後，因為台灣試行成效優異，我被調升為亞

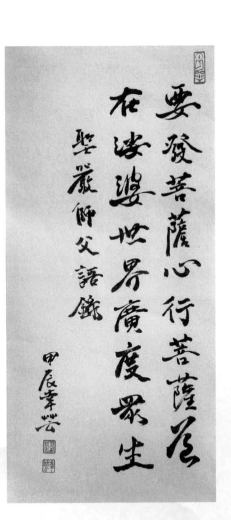

要發菩薩心 行菩薩道
在娑婆世界廣度眾生
聖嚴師父語錄

甲辰韋嵩

太及中東地區業務總監，1994 年回到台灣參加聖嚴師父的菁英禪三後，勤習佛法，從自覺覺他菩薩行發展為 Pro-VT® 標竿績效管理系統，並導入於我個人創建的銷售績效管理系統，從花旗銀行亞太區到渣打銀行全球消費金融，都有非常傑出的表現，證明這套融入佛法的科學管理系統，兼具理論的嚴謹性及實務的成效性，值得向有志於在職場向上提升的人士推薦參考。

Pro-VT® 銷售績效管理系統

		標準績效制定		
銷售文化變革	銷售領導力提升	薪酬與獎勵		
新組織架構	聚焦選人	即時資訊		
銷售策略規劃	訓練與咨導	去蕪存菁	KAIZEN	Benchmarking
策略變革	優質團隊組建	團隊氣勢	永續改善	標竿績效

謀　　　　勢　　易　　善

第七章 創建人生勁爭優勢

　　在全球競爭激烈的環境下，企業主及高層主管在經營壓力下，大部份均變得短視與冷酷無情，職場已從企業端的「終身雇用」轉變為個人端的「終身就業」，所以造成一個人若無法在某一領域創造出別人或其他企業難以達到的**競爭優勢**，勢難輕易超越競爭對手。

創建自己的勁爭優勢策略藍圖

　　個人想在商場或職場成功，則不單要認清並且接受商場如戰場之殘酷競爭本質，更要有全心全意創造「個人**勁爭優勢**」之決心，韌力與方法。

　　發展職場勁爭優勢，可掌握以下策略藍圖及原則

一、 製作 SWOT 分析表

　　首先，依照 SWOT 將自己的天賦優質及各方面的條件，如實置入 S（優勢）W（弱處），再將職場各種可見的 O（機會）及 T（威脅）置入。

二、 平衡性

一個人在職場工作要能夠得心順手，要能夠同時兼顧三個領域：

所從事的工作是你所喜歡的。

所從事的工作是你有能力做的。

所從事的工作是你職責上應當做的。

三、 專門性

根據自己的天賦優質，選定與自己興趣、主要優質相符的專業工作領域，培養專業知識與技能，成為個人專業核心能力，這就是所謂一招鮮吃遍天之最佳寫照。

四、差異性

根據微勝理論，在相同專業領域中，我們要大幅超越競爭對手之機率不高，唯有找出專業領域中的主要競爭對手，設法發展出差異化及微勝的競爭優勢。

五、20%80% 原則製作勁爭優勢策略藍圖

依照平衡性，專門性與差異性之基本原則，詳細考量 SO/ST/WO/WT 各種因應策略，將 80% 的注意力及時間專注在發展 SO 策略，其餘三項分配 20%。完成個人之勁爭優勢策略藍圖。

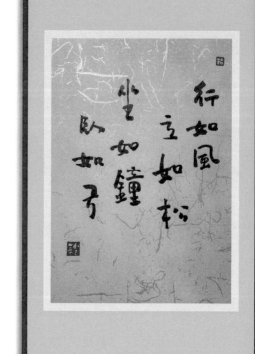

創建個人威儀與氣勢

一個人在職場所顯示在外的威儀氣勢，往往是決定他是否能順利達成工作預期目標與期望之重要關鍵。其中我認為最重要的就是個人的自律精神：

自律是將資源、才能和潛能聚焦，發揮最高之效益。成功是有代價的。大成就的代價是驚人的自律，成功的人如果不自律，就算有成就，也不會持久。才智運都是瞬息流逝的魅影，只有在工作及生活上嚴格自律才是成功的永恆基石。

其實從佛法中，我們就可以學習到提升威儀氣勢很實用有效的方法：

四威儀－行如風 立如松 坐如鐘 臥如弓

行如風：舉止動步，當收攝身心，心存正念，安祥徐行。

立如松：站立之時，身軀挺直，安穩而立，猶如蒼松。

坐如鐘：坐時，應攝心專注，身心安穩不動，猶如大鐘。

臥如弓：睡眠時，當右脅而臥，右手自然平放，左手平舒於腿，雙腿微弓，兩足相疊，名為吉祥臥。

　　聖嚴師父在新時代的工作態度演講中，給我們很明確的開示：

　　工作要趕，但是心不要急。心一急，身體一定跟著緊張，身體一緊張，就會影響到工作效率，不僅工作品質不好，對身體健康也不好。忙，沒有什麼關係，但是「要忙不要亂」，如果急急忙忙地趕工作，很可能因忙亂而造成錯失。 以下則是我延伸的自我期許與修煉的四個態度：

　　從容－要趕不要急

　　雍容－神清氣爽 穿著得體

　　自信－天上天下唯我獨尊 不卑不亢 見大人則藐之

　　大度－有為有守宏觀願景 知所進退 計天下利

修煉並自我期許

從容

雍容

自信

大度

第八章　永續學習與創新

　　春秋時期盲人樂師師曠對我們終生永續學習，有一個相當
精闢的陳述：

　　少而好學 如日出之陽

　　壯而好學 如日中之光

　　老而好學 如秉燭之明

　　一個人想在職（商）場上卓然有成，勝出超群，絕不是如
同一般人朝九晚五就能如願達標，甚至可以說不要期望比別人
努力一點就能有所收穫。在所有參加我所舉辦的研習課程上，
我經常苦口婆心教導所有學員，除了白天在工作上全力以赴，
貢獻比同儕更顯著的成果績效外，每天晚上七點至十點之時間
運用，將決定個人在職場及商場上成功的高度與寬度。

　　依據我在職場多年的經驗，我們可以將職人分為四大類：

第四等：事情做不好，不聽話

第三等：依照指示把事情做好

第二等：會分析問題與解決問題

第一等：具創新思維，能發現新商機並高效執行

一般在商場上，即使是大公司的高層主管，能具有創新思維及發現新商機的人才非常少，不必期望他們能夠讓我們學習或是教導我們如何發現新商機。但是我們學佛的人，根據我的經驗，可以從金剛智慧及禪宗機鋒中，學習創新的準則及方法。

金剛智慧與創新

　　研讀《金剛經》讓我受益最多的，不是一般人朗朗上口的「應無所住，而生其心」而是金剛三句典型句法：「如來說什麼，即非什麼，是名什麼。」，在金剛經中多處提及此一句型，如莊嚴佛土者，即非莊嚴，是名莊嚴。如來說世界，即非世界，

是名世界。如來說佛法,即非佛法,是名佛法。佛說般若波羅蜜,即非般若波羅蜜,是名般若波羅蜜。諸微塵,如來說非微塵,是名微塵。如來說三十二相,即是非相,是名三十二相。

我自認缺少佛法慧根,念誦《金剛經》多年,尚不能深解其意,直到讀了法國社會心理學家托利得的「托利得定律」是這麼說的:

測驗一個人的智力是否屬於上乘,只看腦子裡能否同時容納兩種相反的思想,而無礙於其處世行事。

這才讓我恍然大悟,原來《金剛經》金剛三句真的是上乘智慧,是佛祖認為具有慧根的上乘人才能夠了解的智慧。了解到金剛三句的深意後,我將它延伸到經營管理領域:「所謂管理,即非管理,是名管理」,進一步的引伸「不用管理的管理,是最好的管理」,好友蔡錫圭在我與他分享《金剛經》心得之後,他更提出:「讓員工覺得,所有的事情都是為他們做的,就不用去管理他了。」這就符合所有員工能夠自動自發做好自我管理,主管就不必費時費事一天到晚去管理他了。

經過一段時間後,我出差前往印度孟買,一天在旅館禪坐中,悟出「**不用創新的創新,才是最好的創新**」,這正印證我

以一個完全沒有銀行經驗，初入花旗銀行提出的業務績效制度，
能夠獲得公司高層青睞的原因。

　　善借花旗銀行之前服務過的多個不同公司學習得到的經驗，
及書本獲得的知識，加以融合後，形成自己的創新制度。

　　**工廠經驗（MRP 與 CRP）＋ 雅芳化妝品公司（業務管理）
＋ 書本知識（一頁管理）＝ Pro-VT® 標準業務績效管理制度**

　　這一套制度，銀行的傳統專業人員，從來沒有涉獵聽聞過，
反對懷疑之聲四起，但是最後因為實施成果非凡，它讓我渡過
平生最艱難、最具挑戰性的時期。其後，更是幫助我從台灣花
旗銀行總監，晉升為亞洲地區業務管理總監。

禪宗智慧與創新

　　禪宗哲理與機鋒，在六祖壇經中有很多地方可以給我們很
好的啟發，其中對我幫助最大的是三十六對法的觀念，對我在
為人處事，修心養性甚至在商場的創新思維，都可以實際引用。

　　禪宗三十六對法的基本觀念是什麼？

　　**壇經三十六對法就是要瞭解任何事情，除了我們自己的想
法外，一定要從另一個角度思惟，才能得到圓滿思維。**

三十六對法由外境，法相語言與自性起用的各種對法組成：

➡ **外境五對：**

天與地對、日與月對、明與暗對、陰與陽對、水與火對。

➡ **法相語言十二對：**

語與法對、有與無對、有色與無色對、有相與無相對、有漏與無漏對、色與空對、動與靜對、清與濁對、凡與聖對、僧與俗對、老與少對、大與小對。

➡ **自性起用十九對：**

長與短對、邪與正對、痴與慧對、愚與智對、亂與定對、慈與毒對、對禪戒與非對、直與曲對、實與虛對、險與平對、煩惱與菩提對、常與無常、悲與害對、喜與嗔對、捨與慳對、進與退對、生與滅對、法身與色身對、化身與報身對。

將禪宗三十六對引申應用到我們的生活職涯情境，在許多方面的正向影響非常值得與大家分享。

修心養性方面：聖與凡（聖人以心轉境，我等凡人以境轉心）

用人管理方面：疑與不疑（用人不疑 用人要疑 以制度助人不出差錯）

培育子女方面：寵與辱（寵是鼓勵關心，辱是挫折壓力；要寵辱不驚）

領導群眾方面：進與退（低頭便見水中天，退步原來是向前）

企業創新方面：禪宗三十六對的有與無，我最喜歡以賈伯斯的無鍵盤手機革命創新與馬斯克無引擎電車做範例，證明禪宗三十六對在企業創新方面的妙用。（見附圖）

商場妙用—禪宗 36 對 （有 VS 無）

	Apple	Space X	TESLA	米其林輪胎	佑捷	X 行業
困擾情境 （機會）	需要鍵盤的手機	一次性火箭	雨刷對風阻係數所帶來的負面影響	充氣輪胎	人工作業 品質 / 成本	?
反思	不要鍵盤的手機	重複使用	取消實體雨刷	不用充氣	創新 經營模式	?
解構	去除 非必要零件	設計與零件重新考量	用雷射來「解決」玻璃上髒污	環保 / 永遠不漏氣的新設計	流程改善 電腦運用	?
創新思維 （解決方案）	捨棄鍵盤 使用觸控螢幕	重複性火箭每次發射成本 $1MM	脈衝雷射清潔玻璃髒污，通過美國專利	中空玻璃纖維輪胎	30%+ 30%-	?

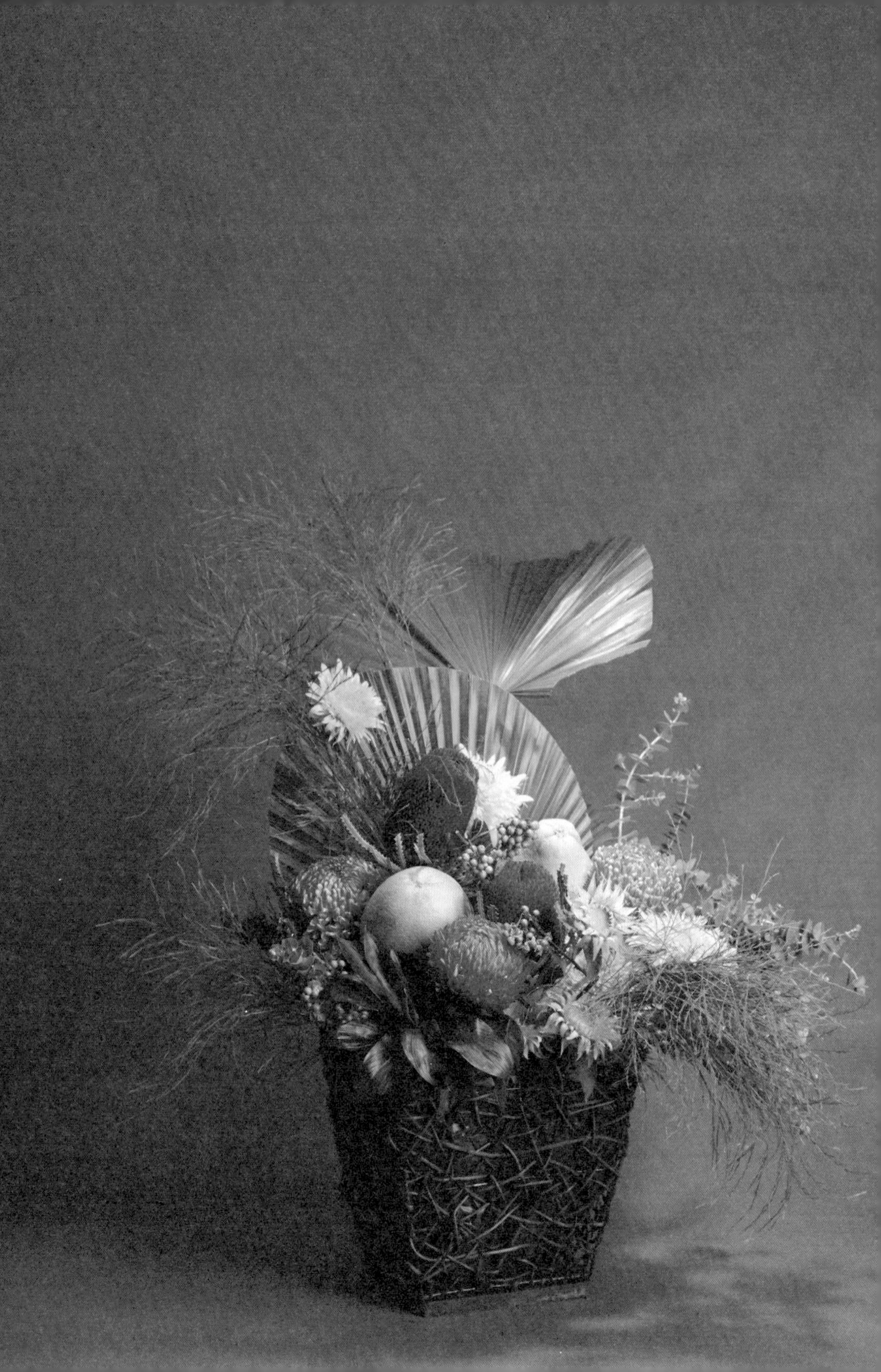

覺他・外王

Chapter 2

企業高績效經營管理

組建優質團隊，施展競爭的優勢戰略，團隊氣勢如虹，
自能展現高效的執行力；永續改善勇於變革，透過標竿
的學習與超越，優質團隊呼之欲出。

篇首綱領

在佛法中所謂「統理大眾　一切無礙」，換成現代企業經營管理的觀念，就是執行成果的展現，一個企業人在繁雜、挑戰的企業環境中，如何深入普羅大眾的叢林之中，上下左右應付自如，不但能達成組織、上級主管的期望績效，更且能從容無礙地超越，達到卓越傑出的境界，這就是職場工作的大圓滿。

過去二十多年來工作上的體悟所發展出來的 Pro-VT® 全方位標竿績效管理，經過不同國家、不同行業的實施證明，這是一套易知易行的管理系統，過去十多年在兩岸及新加坡的法布施經驗，再加以修正，而完成此一完整之系統。

經營理念
態：人本主義、樂在貢獻、團隊戰力（優質團隊）
謀：優勢分析、競爭策略（優勢競爭）
勢：領導統御、優質管理、制度規章、權術運用（團隊氣勢）
易：永續改善、勇於變革（變革改善）
善：標竿學習、標竿超越（標竿至善）

Chapter 2

第一章　優質團隊之組建

　　如何組建一支優質團隊呢？最首要之因素是組織的領導人先有一個令人信服的管理理念，從而在組織中產生一種大家共同的守則與價值觀，形成大家共認的工作方式。接著，就是吸引招募認同此一理念與工作方式的人加入此一組織，組織領導人接下來的重要任務，就是提供一個能讓員工樂在工作的環境，且利用各種方式來提升組織成員的能力。

道 • 管理哲學 企業文化

　　管理哲學首在「經營理念 核心價值」。

　　組織漸趨成熟，由短期的成功邁向管理者、員工、股東和顧客的長期滿意時，就需要有一套良好的管理哲學。在一個良好的公司或部門中互信互敬，參與重要決策，報酬公平分享，共同構成組織的運作方式，內部成員很快的就知道如何有效地處理重要問題。一個管理者經由技、智、得之提昇，最後達到「道」的境界，如果在組織中有適當之舞臺，就能將他的理念與能力充分發揮，實現個人理想，達成自我實現之成就感。

　　著名的美國國會議員霍頓 (Amory Houghton) 說過一個故事。接任康寧公司執行長時，前任執行長告訴他：「你可以把領導人的決策想像成兩個同心圓。外圈是公司必須遵循的法律、規

範與道德標準。內圈則是你自己的核心價值觀。身為執行長，你要確保自己的決策時時刻刻吻合那道內圈。」這個核心價值觀，就是管理哲學的具體思維。

企業文化是由公司之創始人或高層主管所提出的經營理念與基本信念，經由瞭解與共識，而成為所有成員共同具有的價值觀與行為模式。經由企業文化之導引，員工知道在公司內外待人處事的基本不渝原則與共同之規範。

亞倫甘迺迪 (Allen A .Kennedy) 及提倫斯迪爾 (Terrence E. Deal) 在其合著的《企業文化》(Corporate Culture) 一書中曾指出：「美國早期的企業領袖如 IBM 的華特生 (Thomas Watson)、寶鹼公司的寶特 (Harley Porter) 及嬌生公司的強生 (Robert W. Johnson) 都深信強而有力的企業文化是企業成功的主要動力。他們相信員工的工作態度與生產力是由工作環境而定的。這些公司的創始人認為他們的職責就是為他們的公司創造一個環境－也就是一種文化，使員工安身立命、有所遵循為公司工作，貢獻所能，使公司成功。他們並沒有什麼仙丹妙方，事實上，他們是經過無數的嘗試和失敗，才終於摸到竅門，創立了他們公司獨特的企業文化。」

好友鄭君經營中型事業，在用人與激勵機制產生實際功效之後，業務拓展十分順利，規模增大後，為了員工的思維與行事依循，深思熟慮，提出了五大「基本信念」：**善念、正直、平衡、務易、善借。**

企業文化為員工提供了可遵循的標準與價值體系，解決了今日企業所面臨的共同問題，此一共同問題是今日的大部分員工沒有一定的生活目標，覺得工作不理想，迷戀於個人自由與特殊興趣，因而容易挫折、遷過、憤世嫉俗，分不清倫理道德與責任，所以明確有力的企業文化，是員工的工作準則與指針。

由此可見，一個企業人要在一個公司成功，首要的任務就是澈底瞭解公司的企業文化，順應此一文化且發揮自己的能力，做出貢獻，方能成功。

人 • 組育團隊

企業的成敗關鍵在於對人才的掌握與開發，《道德經》中有言：「知人者智，自知者明。勝人者力，自勝者強。」精通貫通釋、儒、道三家的南懷瑾先生曾說：「任何思想，任何精良的制度，都要靠人才的創造和人才的推行。」中文造字得巧：「人

止為企，企者，人之積」，也就是要成為一個好企業，要先積聚好的人才，聞名的管理學大師湯彼得士 (Tom Peters) 曾明白指出：「企業的一切成就與人息息相關」。俗語說：「企業領導人可以不識字，但不可以不識人。」擔任奇異公司 CEO 20 年的

傑克 • 威爾許 (Jack Welch) 退休時回首帶領公司的漫漫長路，在接受財星雜誌專訪時表示，經營奇異時，他重視的議題有很多，但是培養人才成為公司的中堅，是他最重視的一項。透過充份獎勵人才，以及裁汰表現不佳的員工，引領了公司的傑出表現。

如何組織與培育一支優質團隊，需要有一套完整的邏輯程序，才能竟其事功，這五個程序是我的體悟：知人、選人、育人、用人、安人。

知人

　　知人就是知己識人，企業或組織領導人對自己有深入的瞭解與認識之後，就要加強去認識與瞭解他人，如此才能在組織優質團隊時，找到組織真正需要的人才。

選人

　　當比爾蓋茲被問到過去幾年為公司所做的最重要的事時，他回答說：「聘用了一批精明、強幹的優質人才」。在微軟聘用

一位新人，至少要經過四位考官之面談，面談之問題不是注重在程式編寫能力，而是著重在於創新力與解決問題之能力。奇異公司的傑克・威爾許強調指出：「我對如何製出一個好節目一竅不通，對於製造飛機引擎也僅是略知一二，不過，我卻知道誰會是 NBC 稱職的 CEO，這就足夠了。我的工作就是挑選出最優秀的人才，給他們提供充足的裝備和支援。這就是我的成功竅門」。

育人

育人可以分為二個部分來探討，第一是自我培育，第二為部屬培育，也就是修己正人的功夫。在一個組織中，若人人能時時充實自己、提昇自己，每一主管亦能以培育部屬為己任，則整個組織將呈現一股苟日新、日日新的蓬勃朝氣。

➡ 自我培育

《大學》一書中曾說：「自天子以至於庶人，壹是以修身為本。」《中庸》中說：「好學近乎知，力行近乎仁，知恥近乎勇，知斯三者，則知所以修身。」又說：「知所以修身，則知所以治人，知所以治人，則知所以治天下。」因此，我們談管理，論領導，一切要從「修身從心做起，換句話說，就是自我培育」。

➡ 部層培育

一個卓越的組織，一個稱職的管理者與領導人，絕對不是光靠主管一個人傑出幹練就能有傲人的績效表現，我們要成為一個有傑出績效的組織領導人，除了要全力以赴、全心全意找到合適的人才加入我們的組織之外，更重要的是如何有效地培育他們，甚至期望他能超越我們自己。

用人

　　一個卓越的主管，除了能知人、選人、育人之外，還要能夠用人，也就是善任的意思。王永慶曾說：「無管理則無人才，管理不好，把人用廢了，是罪過的」。日本經營之神松下幸之助曾經大膽破例任用進公司不到兩年、年紀剛滿二十歲的青年成為金澤市第一個營業所的所長而獲得成功，如此不但發揮了他的潛能，又磨練他成為公司有用的人才。

安人

　　南懷謹先生曾引述說：「地薄者大物不產，水淺者大魚不遊，樹禿者大禽不棲，林疏者大獸不居」。若工作的意義，只是為了績效表現，則工作就成為一種負擔。提昇工作的意義，成為享受工作之樂趣，就能輕鬆自在達成卓越傑出的表現，對於工作過程中之挫折與挑戰，亦能帶著較為寬慰的心態去面對，而樂在其中。

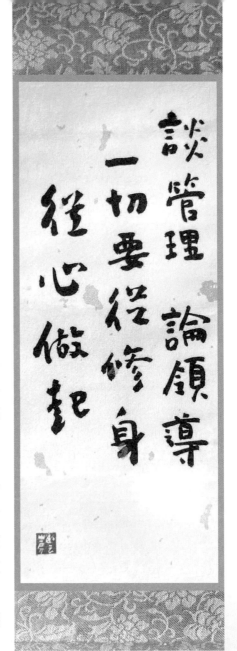

談管理 論領導
一切要從修身
從心做起

心 • 樂在工作之環境

　　成功的領導者在職場能否使自己在工作壓力與複雜的人際關係中，保持內心安寧，往往是工作品質與成果的最關鍵因素。

　　絕大部份成功的領導者，都是因為有能力得到員工的心，使員工樂意做出更多的貢獻。如何營造一個讓員工樂在工作的工作環境？最基本的五項「基本需求」為：

　　　一、清清楚楚知道工作標
　　　　　準與期望
　　　二、俱備執行工作之能力與工具
　　　三、主管之協助：上司的關照與協助、上司的嘉勉與諮導

四、團隊歸屬感：好的主意與建議能被採納、與同仁工作
　　關係良好、工作成果對組織之貢獻明顯

五、成長與未來：訓練與工作豐富化、未來三年內有晉升
　　之機會

能　●　部屬培育

　　構建一個優質團隊，除了上述企業文化、人與心的因素之
外，最重要的是組織成員的素質是否隨同組織的擴展與競爭環
境的變遷而有效提升。

　　在培育部屬方面，我的具體方法有下列四端：

一、安排參加高階領導管理訓練課程。

二、成為管理技能訓練講師（資料蒐集整理，簡報，助講，
　　組織力，溝通力之提升）。

三、成為挑戰團隊之領導者或是成員（協調力，執行力與
　　解決問題能力之提升）。

四、問題預防及機會探詢腦力激盪團隊成員（聯想力，創
　　新力之提升）。

組建一支優質團隊，最重要的是組織是否能吸引最優秀且合適的人才加入，在獲得人才後，組織能否有效掌握人心，使組織成員樂於為組織做出最大之貢獻，同時又能不斷地提升組織個人之能力，及整體團隊之綜合效能。

　　當領導者有了優質團隊之後，提出眾人皆樂於遵從的價值觀，以產生堅實的企業文化，則此一團隊就是一支堅實的優質團隊。

Chapter 2
~~~~~~~~~~~~~~

第二章　競爭優勢戰略

　　根據經驗，創造競爭優勢的並非單純靠管理新知或是科技創新達成，而是運用管理新知與科技的管理過程；一針見效且能產生競爭優勢的解決方案並不存在，執行的過程必然是困難重重、冗長，而且經常會造成人心惶惶，唯有早一步完成別人無法辦得到的事情，才能掌握競爭優勢，具有別人所無法取代或模仿的障礙，或是在成本與品質上享有很大的優勢。

整合性優勢競爭戰略

　　一個完整的優勢競爭戰略，應有下面幾個步驟：

➡ STEP1：公司的願景、使命與核心價值觀經廣泛討論定調。

➡ STEP2：再據此訂出核心經營管理策略目標。

➡ STEP3：由公司主要幹部製作 SWOT 分析表及競爭者核心策略比較表（CAAM）。

➡ STEP4：根據上述分析，完成公司年度優勢競爭戰略規劃。

一、願景、使命與核心價值觀

企業願景：

是指企業戰略家對企業前景和發展方向一個高度概括的描述。例如： Cannon 公司為超越 Xerox，企業願景是「生產一種便宜十倍的影印機」。迪斯尼公司的企業願景：「成為全球的超級娛樂公司」。

企業使命：

是企業為什麼存在的理由。就跟人追問為什麼活著一樣的。例如：迪斯尼公司的企業使命是「使人們過得快活」。微軟公司的企業使命是「致力於提供使工作、學習、生活更加方便、豐富的個人電腦軟件」。

企業價值觀：

是指企業在追求經營成功過程中所推崇的基本信念。例如：台積電核心價值觀是「誠信、正直、承諾、創新、客戶信任」。奇異核心價值觀：「堅持誠信、注重業績、渴望變革」。

二、核心經營管理策略目標

經營管理策略目標的制定，很多公司直接用由哈佛大學教授發明的平衡計分卡，但是我建議再參考彼得杜拉克、麥肯錫管理顧問公司及我個人制定的各項指標後，再決定公司最適合的核心經營管理策略目標。

平衡計分卡：針對四大領域「財務、內部流程、顧客與學習成長」，制定核心經營管理策略目標。

彼得•杜拉克：針對八大領域「市場地位、創新、生產力、財務資源、獲利性、管理者的績效與發展、員工士氣、公共責任」制定核心經營管理策略目標。

麥肯錫六大企業績效衡量指標：針對六大領域來考量「價值創造力、市場領導力、全球影響力、資源運籌力、產品創新力、環境持續力」。

我個人 Pro-VT® 七大領域「**組織架構、營銷優勢、財務績**
效、營銷生產力、流程改善、行員士氣、顧客滿意度」。 如何
製作公司核心策略目標管理表：在決定公司五大核心策略後，
參考前三年之實際績效，訂定明年年度策略目標，並且每月滾
動追蹤檢討。（如下面附圖）

核心策略目標一頁管理表

核心 策略目標	2021 實績	2022 實績	2023 實績	2024 目標	本月實績／ 目標／%	YTD 實績／ 目標／%	2020 FYF 實績＋預測 ／目標／%	權重	標竿 績效	備註
銷售量 （台）										
銷售金額 （$）										
人均台數										
高端機比										
用毛利比										

三、SWOT 分析表及競爭者核心策略比較表（CAAM）

製作 SWOT 分析表，一般就是透過公司主要骨幹，針對公
司內部優勢與弱點，外部環境機會與威脅，經由腦力激盪與深

企業真正的競
爭對手不是同業
而是不斷改變的顧
客需求

李奇

度討論後，製成此一分析表。坊間很多書籍及顧問公司都有這一方面的論述與做法，但是我個人認為單單著眼於公司內部環境與外部環境是遠遠有所不足的，主要理由是疏忽了企業優勢競爭最重要的二個關鍵因素：消費者與競爭者。

消費者 彼得‧杜拉克（Peter Drucker）說：「任何企業組織僅有的兩個職能，就是創新和營銷。不管一個公司的創新度有多高，員工的忠誠度有多大，高層管理者能力有多強，如果不將公司與消費者連繫起來，成功終將難以實現」。日本 7-11

創辦人鈴木明文說：「企業真正的競爭對手，不是同業，而是不斷改變的顧客需求」。

競爭者 世界聞名的哈佛戰略管理學教授麥克波特（Michael Porter）的五力分析模型：

- 供應商的議價能力
- 購買者的議價能力
- 新進入者的威脅
- 替代品的威脅
- 行業內所有競爭者

我們在考慮優勢競爭方面，要好好思考與競爭者有關的三個問題：

- 誰是我們公司的主要競爭者？
- 公司潛在的競爭對手又是誰？
- 他們麼地方做得不錯，什麼地方做得不行？

綜合考慮競爭者與消費者的競爭力分析，我發展出競爭者核心策略比較表（CAAM），將公司主要競爭者與消費者購買我們的產品最主要的關鍵因素結合在此表格分析：（見下頁附圖）

CAAM 競爭優勢分析表（Competitors Advantages Analysis Matrix）

KCPV/KCP	銀行 A	銀行 B	銀行 C	本銀行
產品	5	4	4	3
價格	2	3	3	5
服務	5	3	3	3
管道	5	4	3	3
人員素質	5	4	3	3
促銷	3	4	3	4
總分	25	22	19	21

Step 1：5–7 KCPV
Step 2：KCP：Top 3 主要競爭對手
Step 3：Rating：5 分為最好，1 分為最差

四、年度優勢競爭戰略規劃

思考年度優勢競爭戰略規劃，要從下面四個主要面向著手：

- SWOT　我們是誰
- PEST　我們所處的環境（政經社科）
- KCPV　核心顧客認知價值（購買產品關鍵因素）
- CAAM　主要競爭者

接下來，根據策略配對原則，完成以下各種不同策略：

- 優勢＋機會：前進策略
- 優勢＋威脅：維持策略
- 機會＋弱點：改善策略
- 威脅＋弱點：撤退策略

理財產品優勢競爭戰略

	優勢 S ・資費優惠 ・電話銀行服務功能強大 ・售後服務優勢	劣勢 W ・網點少 ・產品供應不持續 ・人員素質不夠
機會 O ・市場空間廣闊 ・私人銀行業務國內剛起步 ・公私聯動尚未充分與挖掘	・通過公私聯動戰略以資費優勢促進零售發展 ・啟動私人銀行，以售後服務優勢 爭取在新細分市場	・深化體制改革，打造一線優秀的零售團隊 ・建立要為有效的激勵機制，引人，留人，育人
威脅 T ・內外競爭加劇 ・監管政策趨嚴 ・靠利差	NIL	NIL

　　最後階段完成年度優勢競爭戰略規劃，建議將大部分關注力著重在前進策略：（見上圖例）

美國西南航空公司如何創造競爭優勢

　　美國西南航空公司是商學院教育中使用最多的案例之一，它持續三十多年持續盈利的歷程堪稱奇跡，美國西南航空公司的競爭優勢則全是依靠降低成本而達成的，飛機每天在空中的飛行時間達 11 個小時， 而該行業的平均飛行時間為 8 小時。同時它的每小時座位里程成本為 6.5 美分，而它的主要競爭對手為 9 美分 (AA) 和 15 美分 (UA)。

Chapter 2

第三章 **團隊氣勢與高效執行力**

　　美國 ABB 公司董事長巴尼維克曾說 ：「一位管理者的成功， 5％在戰略，95％在執行力。」這真是一針見血的說法，戰略再好，沒有執行力，一切免談。

團隊氣勢

　　歷史給我們一個血淋淋的例子：「趙括談兵」。

　　戰國時趙國名將趙奢之子趙括，年輕時學兵法，談起兵事來父親也難不倒他。後來他接替廉頗為趙將，在長平之戰中，只知道根據兵書應戰，不知道變通，結果被秦軍大敗，趙括因戰敗而斷送四十餘萬將士性命和趙國前途。

　　策略要成功的關鍵因素，除了主事者要深深了解如何運用策術外，最高領導者的堅定到底的支持，更是重中之重。我們以漢朝初期的〈削藩之策〉做例子。

　　漢朝立國初期，推行「郡國並行制」，除了皇帝直屬的「王畿」以外，並將其他的領地分封給各個兄弟成為諸侯王 ， 漢景帝納晁錯之言削藩，引發吳楚七國之亂。

　　晁錯在漢文帝時期就是朝中重臣，後來又當了太子的老師，太子繼位後就是漢景帝， 他看到地方諸侯對中央政權的潛在威

脅，力主削藩，得到景帝的大力支持。不料吳王聯合七國起兵反抗，打出「誅晁錯，清君側」的旗號。景帝為息事寧人，不得已聽從眾臣上奏，誅殺晁錯，令其暴屍街頭。到了漢武帝接位後，接納主父偃的策術「推恩與散勢」，讓所有諸侯王的兒子分享領地，達到推恩與削藩的策略成果。

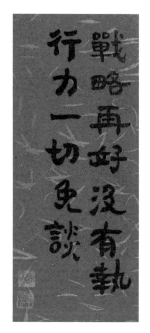

　　團隊氣勢主要的形成要素，在於為組織中的管理與領導階層的領導力水準，以及一套優質的管理系統。優質領導最主要的因素是由基本信念與領導功力所組成，佛法的大悲與大智，加上善借近代西方國家所發展管理技術與方法，經努力就可以達到一定之水準。

勢與高效執行

　　聖嚴師父說：「**成功的三部曲是：隨順因緣、把握因緣、創造因緣。**」因緣就是一般說的勢，它就是一股沛然不可擊之力量，正如孫子兵法所說：「如轉圓石於千仞之山，當其相中目標而將圓石從山頂向下釋出時，則所造成之勢，將無人可抵擋。」

　　一個國家或企業之「勢」，經常需要經過「養勢」與「造勢」，才能達到運用自如之「勢」。

養勢

　　吳子曰：「夫人常死其所不能（能力不足），敗其所不便（技藝不精），故用兵之法，教戒為先，一人學戰，教成十人。十人學戰，教成百人。百人學戰，教成千人。千人學戰，教成萬人。萬人學戰，教成三軍」。

　　「圓而方之，坐而起之，行而止之，左而右之，前而後之，分而合之。結而解之，每變皆習，乃授其兵，是謂將事。」

造勢

　　吳子曰：「教戰之令，短者持長矛戟，長者持弓弩，強者持旌旗，勇者持金鼓（司號令），弱者給廝養，智者為主謀。鄉裡相比，什伍相保。一鼓整兵，二鼓習陣，三鼓趨食，四鼓嚴辦（總檢核），五鼓就行，聞鼓聲合，然後舉旗。」

運勢

　　《孫子兵法兵勢篇》「故善戰者，求之於勢，不貴於人；故能擇人任勢。任勢者，其戰人也，如轉木石之性，安則靜，危則動，方則止，圓則行。故善戰人之勢，如轉圓石於千仞之山者，勢也。」

高效執行

　　高效執行的兩大要素就是孫子兵法中所說的將與法，也就是現代企業經營所著重的優質領導與管理以及優良的管理制度。換句話說，就是領導者領導魅力，加上以嚴謹的制度衡量團隊成員績效，並公平與激勵。

洞悉典範 透唔其道

　　管理學大師彼得·杜拉克為領導人下了定義：「未來需要的領袖特質，是能真正面對問題的癥結，集中全力解決焦點問題，並且必須是個勤奮工作、能力強的人，他同時必須能給人目標與遠景。」其中，能找出問題的癥結，並針對焦點問題、全力解決等諸多特性，我們皆可以從一個好的管理者身上找到這些特性，然而「給人目標與遠景」，就是一個另外層次的修養。

　　優質經理創造一種環境，使每個員工都能感受到一種壓力帶來的興奮，一種明確目標，躍躍欲試的興奮，這種環境可以激勵優異貢獻的員工，同時嚇走那些表現不彰又不思立即改善提升的員工。

　　前 ITT 總裁哈洛季寧是一個卓越的經營者，在他在位短短十多年之間，將 ITT 從一個年營業額六、七億美元的公司經營

成長到二百億美元。他曾說：「領導是企業管理的核心與靈魂，光是撥弄數位、調整組織表或計算企管學院的最新公式，都算不上是真正的企業管理。在企業中所要管理的是人……照我的想法，企業成功與否的最關鍵因素，就是領導的品質。」證諸於古今中外歷史或企業史，成功的王朝或企業，我們一定可以找出相映的傑出領導者。

歷史上的傑出領導者如成吉思汗、唐太宗及劉邦，日本歷史上的德川家康，西方歷史的凱撒大帝，都是值得我們再三研究、深思與模仿的對象，近代企業史上值得我們師法的偉大企業領導者，諸如清朝的胡雪巖、日本的松下幸之助、美國 ITT 前總裁哈洛季寧，以及前 G.E 總裁傑克威而許，他們表現在領導方面的傑出方式，是任何一個有志提升領導能力的人不可或缺的典範。

一個領導人如何創建優質領導，我認為領導者威儀氣勢提升，加上降伏人心、馭人策術與順格領導值得分享的實證經驗。

降伏人（其）心

台灣商周雜誌社創辦人金惟純先生對此有相當深刻的見解：

企業的未來，不能依靠危機處理寶典，應致力於打造一種企業體質，降低經營者的難度，增強面對「無常」的適應力。

在上位者，如何能「降伏其心」？修出一顆真心，換來可長可久的王道企業，正是當今企業最大的課題。

經營者要時刻問自己兩個問題：

什麼樣的企業，可以讓員工越變越好？

什麼樣的企業，可以讓員工遇到事時一條心？

成功三部曲
隨順因緣 把握因緣
創進因緣
聖嚴師父語錄 李蕭錕書

御人策術

從前面晁錯與漢景帝，漢武帝與主父偃的例子，我們深深體認到「策術」對策略執行力的重要性，我們學佛弟子，建議在使用「御人策術」時，一定要遵守以下基本原則：「備而不用、防而不用、示而不用、用不離道（善心）」 在此，提供四個「御人策術」運用例子，與大家共同學習。

➡ 識大局

劉邦死後，呂后積極奪權部署，將封地和權力盡撥給呂氏親族，陳平在此時不但極力配合奉承，更假裝沈迷喝酒女色以減低呂后的戒心，但在呂后一死，諸呂欲作亂，陳平與周勃等人奪其兵權，一舉剷除諸呂，穩定了漢家江山。

王振是明朝宣德年間宦官，把持朝政，沒有他的首肯，再好的事，也辦不成，周忱在朝為官，志於革弊興政，雖然為人正直，卻在王振新府第落成時，錦上添花贈送新大地毯，深深獲得王振歡心，因此周忱新政政通人和，百廢俱興。

➡ 能權變

當劉邦被項羽圍困在滎陽的時候，韓信卻在北路戰線上順利進軍，勢如破竹。他先是平定了魏、代、趙、燕等地，接著

又占據了齊國的故地，欲自立為齊王，使人稟告劉邦求封為假（代理）齊王。劉邦一聽，不由得怒氣上沖，當著使者的面，破口大罵道：「我久困於此，朝夕望他前來助我，想不到他竟要自立為王！」

剛巧張良正坐在劉邦的旁邊，張良清醒地認識到，韓信的向背對楚漢戰爭的勝負有著舉足輕重的作用。況且，韓信遠在齊地自立為王，劉邦鞭長莫及，根本無力阻止。於是，連忙在案下輕輕踩了他一腳，劉邦亦精明，反應亦快，立即感悟先前失言，於是改口罵道：「大丈夫既定諸侯，就要做個真王，何必要做假王！」

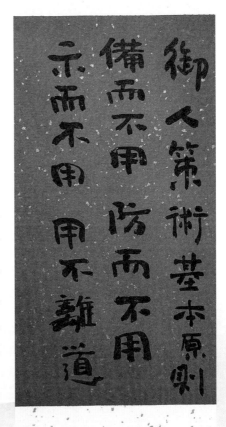

御人策術基本原則
備而不用防而不用
示而不用用不離道

➡ **集共識**

西元 1115 年，遼金發生「護步答岡之戰」，遼軍七十萬，金軍只有二萬人，但這場幾乎是不可能的任務中，由金太祖完顏阿骨打率領的金軍，不僅衝出重圍，而且還趁遼國內亂，大敗遼軍，並進而滅了遼國改寫歷史。完顏阿骨打的獲勝，主要來自他的激勵士氣「集共識」決策模式：

每有戰事，眾軍官不論職位高低，相圍而坐，就灑在地上的柴灰「隨畫隨議 備陳其策」，最後由統帥選定最佳方案，大家同飲共舞，出發作戰。

在這次會議上，完顏阿骨打對眾人說：「我們現在有二條路，一是同心合力決一死戰死裡求生，一是殺我全家大小，前去投降，何去何從，請大家定奪」將士們聽罷，無不涕泣，決定與遼軍決一死戰。金軍能夠眾志成城，以寡敵眾，祕訣就在於與遼軍決一死戰的決策，不是由完顏阿骨打一個人單獨決定，而是來自大家的共同參與討論和選擇。

➡ **要辨奸**

明朝末年，戚繼光因為在東南沿海掃蕩倭寇的戰功，而調到北方戍邊，對付蒙古方面的威脅。戚繼光主要採一勞永逸的

策略。出擊的時候，他力求一舉肅清，讓對方不敢再犯；防守的時候，他大修長城，研發各種新的軍事理論與戰術，從長期著眼來鞏固防線。如此，戚繼光威名遠播，北方平靖，十數年不見烽火。但因為長久不見烽火，一來累積不了戰功，無法封侯進爵，二來重要性容易為人忽視，結果日後因「不宜於北」四個字被貶調廣東。

　　李成梁是當時另一位名將，鎮守遼東。他的策略和戚繼光完全不同。對付女真，他一方面以夷制夷，拉一個打一個，二方面不求一舉清除，反而要留下敵人一點退路，以便自己隨時有仗可打，有戰功可以累積。結果，關外烽火不斷，他不但戰功一再累積，爵位最高封了伯，並且也成為朝廷不可或缺的棟樑，沒人可動其分毫。

　　戚繼光雖然在張居正死後就立刻失勢，吃到自己不會當官的苦頭，但是今天大家不但記得他是一個為明朝保持了一些元氣的大將，他的種種練兵心得，甚至連他所發明的「戚繼光餅」，都流傳至今。

　　李成梁雖然在當時不可一世，紅極一時，卻也因為他以夷制夷，欲擒故縱的策略，最終養癰遺患，反而促使努爾哈赤崛起，不但統一女真部落，更進而奪得大明天下。

➡ 補鍋術

從前的農村有一種專門幫人家修補鍋子的工匠，每當有人鍋子打破了請鍋匠來修理時，鍋匠一面用鐵片刮除鍋底的煤垢，一面趁主人不注意的時候，沿著裂痕把縫隙敲得更大，等煤垢清除乾淨之後，主人驚見裂縫那麼大，心想大概無法修補了，然而等到鍋子修補好了，主人高興感激地說：「今天要是沒有你的高超修補技術，這個鍋子一定不能再用了。」鍋匠不但得到更高的修理費，也得到主人的讚賞與感激。

➡ 史隆辨奸術

通用汽車的史隆先生是廿世紀前期的管理奇才，有一回在通用的用人決策會議上，在經過眾人面紅耳赤的爭辯後，全體終於達成一致協議，選定一個候選人，這人處理問題的手腕令人嘖嘖稱奇，經常把危機與問題解決得盡善盡美。突然間，一直未表意見的史隆先生插嘴道：「你們選定的這位先生，他的紀錄可真是輝煌燦爛，但是，請解釋一下，為什麼他會遇上這麼多的危機與問題，之後又處理得這麼天衣無縫？」

➡ 扁鵲醫術最差

魏文王向名醫扁鵲問道：「你們家三兄弟都精於醫術，但那一位是最好的呢？」

扁鵲答覆說：「長兄最好，中兄次之，我最差。」

魏文王再問道：「可不可以請你說得更清楚一些？」

扁鵲答覆說：「我長兄治病，是治於病情發作之前，由於一般人不知道他能事先剷除病因，所以他的名氣無法傳出去，只有我們家人知道。我中兄治病，是治於病情初起之時，一般人以他只能治理輕微的小病，所以他的名氣只及於本鄉里。至於我扁鵲治病，是治於病情嚴重之時，一般人都看到我在經脈上穿針管來放血，在皮膚上敷毒藥以毒攻毒等大手術，所以名氣遍各國。」

魏文王說：「你說得很好」。

順格領導

　　所謂順格領導，就是領導者依照部屬的不同人際風格，用最恰適的方式與他相處。

　　➡ **平易型**

　　有效相處：多關心、婉轉說明、主動關懷、尊重感受、主動溝通、引導想法、適時提醒。

　　極力避免：指責批評、評斷他的想法、過於強勢。

　　➡ **分析型**

　　有效相處：講清楚說明白、以邏輯方式溝通、協議原則方向、尊重他的專業、給予充裕時間、重視承諾、凡事先自我準備。

　　極力避免：嘮叨繁瑣、不可控制因素、催促他讓他立刻決定。

　　➡ **駕馭型**

　　有效相處：聆聽意見、給他做決定、講話清楚明瞭、講求效率目標、建議時理直氣和、認同他的想法。

　　極力避免：直接衝突、提太多方案、天馬行空、挑戰他的權威。

　　➡ **表現型**

　　有效相處：多讚美鼓勵、引發他的好勝心、引導拉回正題、

多關愛、多點眼神接觸、給予清楚規範、權責控制進度、保持熱誠。

極力避免：潑他冷水、讓他沒台階下、搶他的鎂光燈、一板一眼、太過嚴肅。

優良的管理制度

成功的企業必須有兩個 M，第一個 M 是指 Management（管理），第二個 M 是 Measuremen（衡量），沒有衡量的管理是盲目的管理，不為管理服務的衡量也是盲目的衡量。人力資源體系中最核心部份就是績效管理，只有通過績效管理的有效實施，才能真正把企業的目標與員工的價值創造結合起來；把企業的發展與員工的發展結合起來，才能真正讓「知人、育人、用人、安人」發揮整體連貫之成效。績效管理不僅僅是人力資源管理部門的工作，而是每一位經理的工作。每一位直線經理在績效管理工作中，都要和下屬員工共同商議與溝通，確定員工的主要工作目標，並給予大量的輔助和指導，以確保績效的實現並達成組織的戰略目標。很多企業的管理者，包括高層領導，都僅僅把績效管理看作是一個人力資源管理工具，而沒有提升到戰略的高度，沒有把它視為一個戰略管理工具，因而無法做到

將員工的績效管理和企業的戰略目標緊密銜接。

我在第一篇第六章提及 Pro-VT® 標竿績效管理系統，其中最重要的「提升團隊氣勢與高效執行力」工具，就是我獨創的 Pro-VT® 標準績效管理制度，簡單分享此一制度如下：

系統邏輯架構：

-目標明確　　-不吝獎賞　　-及時饋導　　-教懲不彰　　-去蕪存菁

系統實施步驟：

➡ 第一步：設定個人關鍵績效指標 KPIs　關鍵績效指標指出了此一職務該做的重要事。

➡ 第二步：對每一 KPI 科學量化計算績效標準 SOP。

➡ 第三步：每月月底關鍵績效衡量 KPR(Key Performance Rating)。

　　　　　E：傑出水準 (A+)　　　S：標準水準 (A)

　　　　　A：最低水準 (B)　　　U：不及格 (U)

➡ 第四步：績效衡量和排序。傑克‧威而許（JackWelch）曾說：「績效衡量和排序是建立一個偉大組織的全部秘密。」

➡ 第五步：獎優、扶弱、汰劣。

➡ 第六步：人才庫盤點表　執行「去蕪存菁」，達成優質團隊之理想境界。

業務專員 – KPI& SOP

KPR	B	A	A+	%
KPI	Min	Stnd	Outs	Wt
客戶拜訪	13	16	21	15%
議價書	8	10	13	15%
成功案件	1	2	3	30%
銷售金額	120K	150K	200K	30%
應收賬款	64%	80%	100%	10%
Total				100%

研發人員 – KPI & SOP

KPI	B	A	A+	Wt
開發件數	6	8	10	30%
審查件數	5	10	8	10%
試作件數	4	5	7	10%
量產件數	3	4	5	40%
銷售量	2400	3000	4000	10%

　　如下圖，依照員工的績效與潛力放入十二宮格內，再來執行獎優汰劣、去蕪存菁之行動。

人才盤點表

		績效			
		A+(12%)	A(50%)	B(30%)	U(8%)
潛力	P+ 20%				
	P 70%				
	P- 10%				

P+A+ 及 P+A：菁英人才　　PU 及 P-U：諮導 汰蕪

PRO-VT

Chapter 2

第四章　變革創新與改善

　　在經過態、謀與勢三個階段後，一般而言，組織皆可以獲得令人十分鼓舞之成效。「易」就是在組織獲得成效後，再透過變革與改善之步驟，使組織在正軌上提升再提升其績效。面對目前迅速變化之企業經營環境，企業經營領導人絕不能自滿於現狀，改革與改善之腳步也不能因一時之勝利而停頓下來。

　　一切新的事物，新的變革，在人們瞭解與習慣之前，都將被視為怪胎，而引起同聲撻伐，當年艾菲爾鐵塔剛剛建造，莫泊桑，大仲馬等一批作家帶頭怒吼，領導市民簽名反對，說這個高高的鐵傢伙在給巴黎毀容，接著，龐畢度藝術中心，揭幕那天巴黎人全然傻眼，這分明是一座還沒有完工的化工廠，就這麼露筋裸骨站著啦？接下來的是羅浮宮前貝聿銘先生設計的玻璃金字塔，當時竟有那麼多的報刊斷言，如果收留了這個既難看又好笑的怪物，這將是羅浮宮的羞辱、巴黎的災難。如今，這三個當時被視為離經叛道的建築物，那一個不是巴黎的驕傲，那一個不是世界建築物之瑰寶？（取材自余秋雨先生《行者無疆》）

　　以洗衣劑的變革與改善為例，過去數十年來，衣服質料與生活方式不斷在改變，不僅洗衣機功能大幅提升，洗衣習慣亦

不同以往，因此，任何洗衣劑製造者不能故步自封，沾沾自喜於任何一個在任何時間內成功的產品，必須不斷地改善既有的產品或創造新的產品，例如由洗衣皂變革成為洗衣粉，從單純的洗衣粉變革成為生物科技的環保洗衣粉。

　　奇異公司一位工作了 20 多年的員工，他的工作是操作高價值的設備，這個工作必需戴手套才行，每個月會損壞很多手套。為了要申請另外一副手套，他必須請人來代班，但是如果沒有人有空來代班，就必須關閉機器，然後走到另一棟大樓，去倉庫填寫表格，之後他還必定找到一位有足夠權限的人在此申請書上簽字才行，拿到一副手套要花費整個流程約一個小時。這個事業單位的總經理在員工建言大會聽到這樣的陳述後，認為這是一件愚蠢且不可思議的事，問到「為何我們要如此做？」

後方有人回答「因為我們在 1979 年遺失了一箱手套」，這位總經理立刻下令，將手套箱放在使用者的樓層。

奇異公司這個例子給於我們的啟示，即使一個全力變革與改善聞名的公司都還可能存在如此荒謬可笑之狀況，何況一般的公司肯定存在一大堆值得我們全力去變革與改善的項目。

變革與改善要能成功，最主要的成功因素就是有適當的人選來推動與執行，挑戰團隊是變革與改善最有效的利器，程序如下：

一、選擇需要變革或改善之項目
　　－對組織績效有顯著影響　　　－可行
二、團隊領導者及組員之甄選
　　－人際風格　　　　　　　　　－心與能
　　－發展能力　　　　　　　　　－全隊以五 - 七人為宜
三、標竿界定
　　－界定一個清楚可行之成就目標
四、資料收集與分析
五、建議行動方案之討論與決議

六、執行行動方案

七、跟催與評核成果

　　挑戰團隊的成立，不僅在解決問題上發揮其功效，更且在人才培育上更有其獨特之貢獻的領導者與成員，除了可以從團隊成員解決問題的過程中，學習到很多實用的知識與技巧之外，更可以鍛鍊自己的協調、團隊合作及領導力，以作為自己接受下一個更高層次的工作與任務之準備。

Chapter 2

第五章 標竿至善

　　標竿 (benchmark) 一詞在牛津辭典的定義解說為：「一個固定點 (fixed point) 或參照點 (point of reference)，追求企業經營成效達到世界標竿 (World Class Benchmarking) 的境界應是每一個企業主管的最高理想」，也就是《大學》上所說的「於至善」的最高境界。以世界最好的企業之某一傑出產品、服務與工作流程作為典範標準，以有系統之方式、配合自己組織之特性學習他們的成功經驗，以期與之並駕齊驅，甚至超越其成就，這是一種跳躍式的學習與超越，而非只是從自己的錯誤中學習。

　　根據美國生產力與品質中心對標竿學習的基本定義如下：「標竿學習是一項有系統、持續性的評估過程，透過不斷地將企業流程與世界上居領導地位之企業相比較，以獲得協助改善營運績效的資訊。」在企業經營管理的應用上 將標竿拓展為一個動態的衡量過程，而成為標竿化 (benchmarking)，將組織與其他同質之組織之營運在過程、 實務及表現上互相比較，找出最佳至善點 (best in class)。從 1994 年至今，聯合科技公司表現優異，股票的投資報酬率成長了 650%，甚至打敗經營典範奇異公司。

這個成績背後的秘密是，公司領導階層對於製造細節無止境至善至美的追求。媒體這麼評論：如果將聯合科技的管理方法拿去蒸餾，最後只會剩下三個字母：ACE(Achieving Competitive Excellence)。

　　要達到此一至善之境界，除了內部條件之提升之外，任何有效地向外部各行各業之頂尖企業與組織學習其成功之道，也就成為企業主管最重要的能力之一。以下列舉的公司，是個人認為世界標竿公司，值得我們善借作為公司的工作典範與流程。

麥當勞的人員訓練

　　說到速食品業的世界龍頭，我想大家首先想到的公司，一定是麥當勞，它的成功是它的漢堡比別家競爭者好吃嗎？不是的！它的成功主要是靠它的服務品質，迅速地提供符合超高衛生條件且品質劃一的食品，這就是他們最關鍵的致勝武器。要長期擁有此一致勝競爭優勢的關鍵因素就是人員訓練。在麥當勞有著名的漢堡大學提供高階管理人員之訓練，其實，最值得我們學習的是他們有辦法招訓一些初高中學生，在短期訓練後，就能融入他們現有的人員組織與工作流程，可以配合的如此密

合，而能提供低人資成本但絕對是世界級的高品質服務，這就是我們認為世界級人員訓練的標竿範本。

奇異（G.E）公司的末位淘汰與差異化

奇異公司的卓越成就最主要的原因就是 ABC 績效排序活力圖，在每一年度結束後，每位主管必須將其所屬成員的績效表現分為 A 級 (20%) B 級 (70%) 及 C 級 (10%)，然後依照不同的績效等級進行差異化極大的不同待遇：

－將年終獎金、股票選擇權及培訓預算，大部分集中在績效前 20% 績優表現者。

－末位淘汰 -- 每年規定墊底 10% 績效表現者，一定淘汰出局。

摩托羅拉（Motorola）六標準差品質管理

是由摩托羅拉電子公司發展出來的品質管理制度，先由產品品管擴展至流程品管，經由奇異與花旗銀行之異業複製學習，因而聲名遠播，其主要思惟就是經由不斷的改善提升品質達成幾乎零缺點之六個標準差；

1 Sigma 代表 68% 的產品或作業是正確無誤或可接受的水準，一般公司平均之品質水準在 3.5 Sigma，代表每百萬個產品

產生 35,000 個瑕疵，6 Sigma 則高達 99.99997% 的可接受水準，亦即每百萬個產品只有 3.4 個瑕疵。

新航之服務品質

　　世界上大部分的航空公司都用相同品質的波音飛機或是空中巴士，飛行速度亦是一樣，然而就是有這麼一家航空公司能夠贏取顧客的忠誠度，願意付出較別家競爭對手 30% 的票價，永遠是出門旅行的首選航空公司，它就是新加坡航空。為什麼新航可以做到，而別的航空公司公司卻無法學習複製呢？

　　我想最主要的原因是人與制度，我個人作為新航貴賓超過 13 年，深深感受到要維持一個領先世界級的服務品質，所投注的人力、時間、心血與成本都是無法估量的。從貴賓到達機場那一刻開始，就有專人將你的行李從車子後行李箱中取出，放到手推車中，然後直接送到海關行李檢驗台，檢驗行李的同時，你就可以到櫃檯將機票、證件等交由櫃檯專員處理，一會兒的功夫，你就可以拿到登機證，通過移民廳檢查後，貴賓中心舒適的環境，充足的書報雜誌、可口精美的食物，可以使貴賓們得到充分舒適的休息。在飛機起飛的二十分鐘前，你就直接到

達登機口，上了飛機坐到位子之後，空中小姐就能稱呼出你的尊姓，而展開一段無微不至、面面俱到的高品質服務。

豐田汽車生產管理與成本控制

　　世界第二大汽車製造公司豐田汽車是世界上最賺錢的汽車業者，主要的原因不是製造技術超強，而是因為他們獨創的及時「Just in Time」生產管理技術，所造成存貨管理的零庫存，因此節省了大量的存貨成本 (Carrying Cost)，另外，豐田更有連乾毛巾都可以擰出水來的成本控制格言，來革除一切的浪費。

　　對日本汽車業而言，最初是向西方學習，使豐田汽車公司走向成功的一個重要過程是能夠在學習中厲行創新革新，將工作程序分配得井井有條從而同時達成提升產品品質與降低成本的目標。它更懂得將顧客優先的服務觀念，巧妙地植入它的及時生產管理「Just In Time」及行銷分配管理系統之中。

寶潔 (P&G) 行銷管理

　　被尊譽為「日用消費品之王」的寶潔行銷風行世界超過 150年，其銷售品牌總數超過 300 個，全世界擁有超過 50 億個消費者，在美國有超過 98% 的家庭使用其產品。

與其他世界知名成功企業一樣，寶潔擁有很好的經營理念：「追求卓越、重視員工、尊重客戶、和不斷地創新」，然而寶潔最值得我們學習的是它優越無比的品牌管理與行銷制度。它所創立的品牌經理制度，使得每一個品牌得到全面性的照顧與明確的責任釐清，再加上其多品牌自我競爭之策略，造就其不可憾動之霸主地位。

蓋洛普（Gallup）人性瞭解與應用

　　一般人對蓋洛普之印象仍存在於民意調查上，其實它運用統計科學調查之專業技術，用於對人性特質的深入瞭解與應用，它技術堪稱業界一把手，是每一位想提升領導與管理功力的企業主管標竿學習的最佳對象。

　　在本書對人與自我認知的說明上，蓋洛普的三十四種優質(Strengths) 分析術與應用，是我所信服與獲益良多的學習。

　　標竿至善就是儒家所說的「止於至善」的境界，也就是我們佛家的「大圓滿」，此時，不但我們個人有達成高峰成就的喜樂，同時所有相關的人—員工、顧客、股東以及周邊的社會大眾，亦一同享受經由我們努力貢獻之利益，也就是實現我們「利益眾生」之理想。

【篇末挈領】

佛法融入現代管理科學就是成功最佳組合

聖嚴師父在《108自在語》告訴我們：成功的三部曲是：「**隨順因緣、把握因緣、創造因緣**。見有機緣宜把握，沒有機緣要營造，機緣未熟不強求。人生的起起落落，都是成長的經驗。船過水無痕，鳥飛不留影，成敗得失都不會引起心情的波動，那就是自在解脫的大智慧。」

我在所有的高階管理發展的課程中，課程結束時，若時間許可，我經常以師父的因緣觀及「福慧雙修 利益眾生」做為總結。以成功CEO現身說法為實證，再輔以歷史軼聞，在在強調職場上，成功如意決無法單靠智慧的提升，福報的修持更加重要。

在今日高度競爭的商場中，能力差人一截，成功機會很小，然而，能力強、智慧高就一定成功嗎？有一項廣泛的調查統計指出：75%的世界級頂尖 CEO 們就認為他們的成功不是因為能力強、智慧高，而是運氣好。

相傳朱元璋有一次微服下鄉訪察，在途中又累又渴，有一位善心農夫，很誠意地提供茶水給他，回到宮中，下昭策封及賞賜這位農夫。此事傳遍鄉里後，有一位秀才，十分忿忿不平，就提了一副對聯「十年寒窗苦，不及一杯茶。」，放置在村中的亭子中，此舉朱元璋得知後，他相應地提出一副對聯「他才不如你，你命不如他。」

佛法之邏輯性、哲理性與實用性，給予對佛法只有入門程度的我，產生莫大的助益，不止提升工作績效，更且經常維持心境之平和與喜樂，那才是人生最大之收穫，願以下列行動方案與職場學佛之青年共勉之。

一、對「儒、法、道」之基本理念，做深入之理解與研究。

二、重新審視自己之人生意義與價值。

三、以科學分析之工具與佛法提升自我認知與瞭解

四、一切從「心」開始

五、以技、智、得、道提升自我之「大智」

六、發展與精練個人之領導理念

七、以「菩薩心懷霹靂手段」營造團隊氣勢提升績效

八、標竿至善大圓滿

撲通一聲響

從前日本有個名叫芭蕉的大詩人，他是個非常機靈的年輕人，也是鑽研諸多經藏的虔誠佛教徒，他自認自己非常瞭解佛法，有一天，他去拜訪澤奄宗彭禪師，兩人交談了好長一段時間，只要禪師一說話，芭蕉就長篇大論，引用最高深的經典回應禪師，最後，禪師終於說：「你是個偉大的佛教徒，偉大的人物，你瞭解一切，但是，在我們的交談過程中，你只會引用佛陀或名師的話，我不要聽別人說些什麼，只想聽你說什麼，用你自己的話來表達，突然，寺院花園傳來了聲響，芭蕉對禪師說：「寂寞古池塘，一蛙跳入水中央，撲通一聲響」。

禪師與芭蕉相視大笑，芭蕉開悟了。

禪悟・智慧

學佛修禪與商場優勢

一個術道兼修的領導者，除了努力學習西方的科學管理技術之外，更要融合東方「釋儒法道兵」各家的領導智慧，才能成為一個卓越超群的領導者。

Chapter 3

第一章 金剛智慧

　　金剛經與六祖壇經是我多年持誦及研讀的二部經，經過很長的時間內化與思索，終於有一些淺見與心得。

金剛智慧來叩心

　　70 年來第一次以感恩歡喜心度過八天的病期。

　　由於平時注意飲食，休息與運動，雖然年屆七十，未曾生過較嚴重的病，因此稍有病痛就覺得蠻嚴重的。

　　2018 年 2 月 1 日，在美國馬里蘭州二兒子的家中，清晨起床想要上洗手間，一如往常注意緩慢起床，但一下床，馬上覺得天旋地轉，心想正如 2013 年發生的耳室管不平 的病情再次發作。

　　二話不說，立即躺回床上，經過三天無法下床的苦熬，只能整天靜靜躺在床上，「一睜眼就天旋地轉」眼睛沒法睜開，到了第四天昏眩減輕，但是遇到更大的麻煩是耳鳴的聲音，簡直困擾的無法忍受，就像魔音穿腦一般。

　　我天生個性遇到問題就要深入分析加以解決，因此開始思索，如何減輕自己的症狀，讓耳鳴可以不再那麼困擾，終於想到善用金剛經裏面的一些做法，「無相生心大自在」，這一句是自己善借金剛經及心經而理出的十分受用，每天持誦的偈子。

「無相生心大自在　無相生心大自在　無相生心大自在　無相生心大自在　無相生心大自在　無相生心大自在…」，經過 30 分鐘的持誦，耳鳴狀況大幅緩解，自己相信的就是金剛經裏面說「凡所有相皆是虛妄」，20 多年來持誦金剛經，體會瞭解到我們所看到的、所經歷的一切事與物，都不是絕對客觀真實與永恒存在的事實。因此，我所聽到的「耳鳴」就不是真的「耳鳴」，而且它不會永恒存在的，也奇特，有此「心」念後，耳鳴聲依然存在，但已經不再讓我困擾不安。

第五到第八天之間，雖然病情已經緩解許多，但仍然花很多時間躺在床上，除了繼續持誦「南無本師釋迦牟尼佛　南無本師釋迦牟尼佛……；無相生心大自在　無相生心大自在

……」，求得自己心安與平衡，竟然慢慢地生出對此次病情的感恩歡喜心，感恩我的大腦正在努力的適應新的耳管平衡，感恩同修及家人的照顧，感恩再三。

到了第九天，基本上生活已恢復正常，心境也平和，除了走路仍有些不平衡及仍然存在的不惱人的耳鳴，細細回想此次生病的過程沒有發生與上次發病時產生的驚恐、怨懟情況，真是應歸功感恩自己秉持金剛經信念「無相生心大自在」及聖嚴師父四它「面對它、接受它、處理它、放下它」的對治妙法。此時，心中想起聖嚴師父 過的一句話「學佛修行與同修們分享心得，是非常自在的、快樂的，能夠幫助別人多少，就幫多少」，更何況是我學習金剛經的歷程，從初期的「茫信」到目前的「有所得」，其過程是如此冗長、崎嶇及有趣。因此發心將此次的病程及心得，記下來與有緣同修分享。

持誦金剛經

我是在 1994 年從新加坡特地回到台灣，參加由聖嚴法師親自主持的「菁英禪三」禪修營，學習基礎禪坐及聆聽聖嚴師父的佛法開示，從此展開我二十多年的學習持誦《金剛經》的歷程。

第一時期：茫信期（全然不懂也很好）

在完成法鼓山菁英禪三課程後，回到新加坡後，開始念誦鳩摩羅什的《金剛經譯本》，並開始 讀聖嚴師父的《金剛經講記》， 南懷瑾居士的《金剛經說什麼》，及沈家楨居士的《金剛經的研究》，從經文中讀到《金剛經》為發大乘者說，為發最上乘者 。」及三位大德對《金剛經》的推崇，心中深信這是一部我應該好好深入研讀的經典。

用功研讀《金剛經》一段時間以後卻產生了很大的疑問，因為對《金剛經》的主旨要義「無念為宗 無相為體 無住為本」根本做不到，而且更解不開經中重複出現的矛盾句型，「如來什麼，即非什麼，是名什麼」，這對我學數理邏輯的人是相當大的考驗。雖然三位大德的的著作幫助我對佛法很多名相瞭解助益很大，但實際深入瞭解與生活及工作上真實受用卻幾乎是沒有。我自己理工務實背景及職場上的壓力，使我相信「凡是你享用不到的修煉，全部是生命中無謂的空轉而已。」這個觀念的驅使，造成我對持誦《金剛經》產生很大很大的挫折感，甚至有放棄的念頭。

　　人生就是這麼充滿趣味，重燃我持誦《金剛經》的熱情與信心的契機，居然是網路上的一則笑話。有人問畢卡索：「你的畫，怎麼都看不懂啊？」畢卡索說：「聽過鳥叫嗎？」「聽過。」「好聽嗎？」「好聽。」「你聽得懂嗎？」

　　是的，《金剛經》我是無法全部融會貫通並在人生及職場上產生明顯實際助益，但是念誦起來十分順口，文詞優美，在念誦完之後，心境上的平和與愉悅，也是不爭的事實。再加上歷代法師大德們都認為，這是一部經中之王，是一部上乘智慧之作，因此燃起我雖然不懂金剛經但需要繼續堅持持誦的動力。

第二時期：開竅期（一知半解也很好）

　　過了耳順之年，從工作職場上退休之後，有較多的時間，獵涉一些文學創作，其中蔣勳先生一篇與金剛經有關的文章，居然對我開　了研讀金剛經的「竅門」。

　　蔣勳先生在其大作《捨得？捨不得？帶著金剛經去旅行》中的一段描述：

　　「父親在加拿大病危，我接到電話，人在高雄講課，匆匆趕回臺北，臨上機場前，心裏慌，從書架上隨手抓了那一卷一

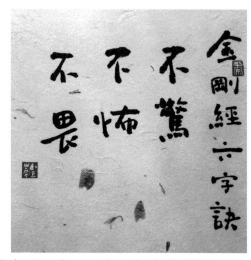

擱三十年的《金剛經》。十多個小時飛行，忐忑不安，就靠這一卷經安心。

　　在飛機上讀著讀著，心如此忐忑不安，一次一次讀到不驚、不怖、不畏，試圖安心，飛機落地，帶著這一卷經，趕去醫院，在彌留的父親牀前讀誦，一遍一遍，一字一字，不驚、不怖、不畏，一直到父親往生。」

　　就是《金剛經》中的六字訣「不驚、不怖、不畏」，竟然對蔣先生產生如此巨大的助益，開啟我學習金剛智慧的「竅門」，得到的結論就是金剛智慧的片言隻語也會對我們人生與職場有著莫大的助益。

　　因此，開始在念誦的過程中，有一些特別相應語句，就對我的人生產生巨大的影響。

應無所住　而生其心

　　我對經文的詮釋是對所遭遇面對的事與物不執著能夠放下，反而可以獲得意想不到的結果。例如工作上遇到了某個棘手問題，一時無找到好的解決方法，你可能一直在思索這個問題，試圖以各種方法解決。然後，你進入淋浴間，當蓮蓬頭的水灑

下來時，你的心思已經不再專注於那個問題，但在淋浴時，你可能無所事事空想，或似乎「什麼都沒想」。突然，一個意想不到的絕妙解答似乎沒來由浮現在你腦海。對自己依序提升心與能的修持，凡事不執著有信心，所生出來的「其心」，其品質度就可以大幅提升。

一切有為法，如夢幻泡影

我們普通人生活上的一切，大部分都是「有為法」的範疇。不管是精神上的或物質上的事或物，包括所有有形有相看得見的「物」或無形無相看不見的「事」，在佛學裡都叫做「法」。所有事與物都沒有絕對客觀的真實性、永恆性。

人生的一切，正如六如居士唐寅所說「如夢 如幻 如泡 如影 如電 如露」，這在今日商場無情競爭，更是給我們很明確的啟示，例如 NOKIA 以機海策略打遍天下無敵手，市場佔有率一度高達 70%，真是不可一世，然而

遇到 APPLE 的 iPhone 一機策略，竟然一路潰敗到被其他公司併購的地步。

降伏其心

要達到最高的金剛智慧「無上正等正覺」，首要就是發阿耨多羅三藐三菩提心，而發阿耨多羅三藐三菩提心，最重要的就是先「降伏其心」。

對此，商周雜誌金惟純創辦人的詮釋，最為經典明確：企業的未來，不能依靠危機處理寶典，應致力於打造一種力。在上位者，如何能「降伏其心」？修出一顆真心，換來可長可久的王道企業，正是當今企業最大的課題。

經營管理高層「降伏其心」，經營者要時刻問自己兩個問題：

一、什麼樣的企業，可以讓員工越變越好？

二、什麼樣的企業，可以讓員工遇到事時一條心？

全體員工「降伏其心」，員工的心不想改變，不想付出。這兩件事，正是透過修身讓生命境界提升所不可或缺者。

如如不動

如實面對自己的人生和所處身的時代，盡量避免外在環境薰染自身的習氣與言行。找到了自己的安身立命之道，活出了

自己如實的人生境界。在藍綠對立紛紛擾擾的台灣，更是需要
有此修持。

　　單單幾個零碎簡單的金剛智慧，就讓我在我的人生有很大
的提升，同時將這些上乘智慧融入在我講授的教案中，例如在
亞洲排名第一的國立新加坡大學高階管理 EMBA 精華課程講座
上，學員對這些佛法智慧在卓越企業經營管理上的正向影響，
一般反應評價都很好，幫助我在授課的水準上提升很多。

第三時期：有所得（撥雲見霧也很好）

　　經歷過多年的開竅時期，雖然只是學到零星片段的金剛智
識，但對我的人生及教學生涯已經十分受用。然而，對於金剛
經的兩大主軸智識卻一直沒有達到行證圓熟的境界，所幸經過
最近幾年的精進學習再加上此次生病的機緣，自覺在此兩主軸
上皆有突破性的進展。

主軸一

　　「如來什麼，即非什麼，是名什麼」，及「無實無虛」矛
盾語法。

多年來，從事管理工作及在大學教授高階管理課程，平日一直用功想提昇自己的管理思維境界，直到有一次禪坐過後，心身十分清靈無所思的心境下，將管理思維與《金剛經》的矛盾語法一聯結，居然有突破性的發現，「管理、即非管理、是名管理。」這真是至理名言，不用管理的管理，才是真正高乘的管理境界。藉此觀念與降伏其心結合，不就是管理學所說的自律（自我管理）？ VISA 創辦人狄伊・哈克 (Dee Hock) 說：「領導人至少要用一半的時間管理自己。」如果能把自己管理得好，自然能夠領導別人，發揮領導力。所以，領導者必須忘卻自己的豐功偉業，不斷自我超越，並且激發組織內成員的向心力與熱忱，才能永保基業。假如組織內每一個員工，都能做好自我管理，那就不需要管理。

　　機緣巧合，不久又讀到法國社會心理學家托利得定理：「測驗一個人的智力是否屬於上乘，只看腦子裡能否同時容納兩種相反的思想，而無礙於其處世行事」，至此，對金剛三句「如來 什麼，即非什麼，是名什麼」及「無實無虛」矛盾語法，在「信解」部分，完全毫無疑義，並且開始思索「行證」。假如能夠「信解行證」到「無實無虛」的境界，就能廣涵一切。

以下就是一些「行證」的事例：

一、平常心＋不平常心

我們經常聽到的開示，總是要我們持平常心處事，但是有了金剛智慧，卻是教導我們更上一層，要用平常心加上不平常心處事。因為通過感觀而產生的成所作智，就是用平常心應對不平常事，是人生修煉。再加上妙觀察智來善於觀察人生宇宙的一切現象，亦即用不平常心探索平常事，是創意。修煉加上創意就是未來商場與職場最需要的修持。

二、執著＋不執著

在人生及競爭的職場上，我們一方面要非常執著堅韌地創造自我價值，但是又要能夠不執著，堅定的以自己的知識、技巧、 智慧去成就事情，而且不貪求， 不執著於結果。

三、寵＋辱

在我們的人生過程與職場生涯，努力與奮鬥後，總希望能夠獲得肯定與讚譽（寵），然而一路順利可能無法讓我們邁向最高峰，我認為過程中有譏毀，困頓與挫折（辱），可能更有助益。能海禪師座右銘：「厚福受享，德情墮落，名譽光榮，我慢加等，養生優厚，病難更多，順境安適，般若無緣。」

用平常心應對不平常事是人生修煉
不平常心探究平常事是創意修煉
加上創意是商場興職場最需要的修持
更是人生每階段的智慧法門

甲辰立夏於臥雲山房醇遠敬書

由上述例證，我完全信服金剛智慧，將對我們的人生品質與職場競爭優勢提升，有著不可量、不可稱、無有邊、不可思議的果報。

主軸二

「無念為宗 無相為體 無住為本」。

這個領域的「信解」是最近幾年的進展，真是要大大的感恩林宏容博士的《金剛人生隨筆》及清華大學教授王守益居士《正視天生本具的虛擬實境》，他們利用科學實證的精神，將「凡所有相皆是虛妄」解說的非常周全清晰易懂，（建議廣泛閱讀他們的論述）。因緣機合此次色身違恙，能夠「行證」無相與無住的作法，又能夠沒有雜念干擾的環境，靜靜地梳理這一段歷程，這份福報真是讓我感恩歡欣。

Chapter 3

第二章　商（職）場優勢禪
－成為一名術道兼修的經營管理者

　　術，乃學習西方科學管理技術，基層 & 中階主管應兼備。

　　道，乃融合東方釋儒法道兵領導智慧，為高階主管及經營管理者所必修。

　　釋迦牟尼佛說法 49 年，卻說「若人言，如來有所說法，即為謗佛，不能解我所說故」。禪宗開宗明義說「教外別傳，不立文字」，是認為「佛性本具，人皆可頓，當下即是，個個成佛」。所以佛說八萬四千法門，只不過是藉機說教的工具而已，實無一法可說，無一法可得。

　　禪學的基本觀點，是認為形式與理論都無法觸及事物的核心，真理究竟為何，就完全依靠個人的體驗來把握，而不訴諸理智的作用或系統的學說。—鈴木大拙《禪宗佛學引論》(An Introduction to Zen Buddhism)。

　　個人昔日修禪，往往著重在禪坐的時間長度與入定狀態，或是經由參話頭，以期悟解其深意，但因我是一個務實主義者，深信凡是你享用不到的修煉，全部是生命無謂的空轉而已，因此一直想要將修禪心得應用在商場工作上。

　　近期服膺聖嚴師父教誨：「禪的深度與廣度，要用真切的

生活來體驗」（註1），以及受到在學禪道上影響我很深的法鼓山陳武雄大師兄大作《生活減壓禪》的啟發，因此有了將禪法融入應用在商場的想法，2021年3月在將捷文教基金會演講，呼應陳武雄師兄的題目「生活減壓禪」，我首次提出「職場優勢禪」，剛好符合禪宗三十六對的觀念，一減一增大圓滿，事後參加學員反應頗為正向，因此決定將之拓展為「商場優勢禪」，並且理出一個完整架構，以期分享給有興趣將禪法應用於商場的經營管理者及禪門同修提升在職場勁爭實力。

　　修習禪門而應用於商場，對我有深切影響啟發者有五：北宗神秀，南宗惠能，無門慧開禪師，住雲居晦山僧東吳願雲戒顯，法鼓山聖嚴師父。

一、北宗神秀（漸修）

　　身是菩提樹　心如明鏡臺　時時勤拂拭　勿使惹塵埃

二、南宗惠能（頓悟）

　　菩提本無樹　明鏡亦非台　本來無一物　何處惹塵埃

三、無門慧開禪師

　　慧開禪師的禪門金句：「大道無門，千差有路；透得此關，乾坤獨步。」

　　「大道無門」的意思是指頓悟的法門，是沒有一蹴可及的法門，是強求不得的。

　　「千差有路」則是修漸悟法門，有很多可以依循的門路。

　　在商場上，我把它引申為：漸修就是商場經營管理的基本功，而頓悟就是創新思維。

　　經年累月的漸修「基本功」，才會有朝一日頓悟「創新產品與服務」。不漸修哪裡有頓悟？沒有頓悟何能見漸修的圓滿。

四、住雲居晦山僧東吳願雲戒顯

　　晦山戒顯的《禪門鍛鍊說》：「鍛禪說而擬之孫武子，以正治國，以奇用兵。」

　　治叢林，如治國；用機法以鍛禪眾，如用兵。奇正相因，不易之道也。」

　　孫子兵法廣為流傳數千年，為兵家及謀略家奉為寶典，我在工作商場善借其五事為處事準則，再以七計分析衡量公司的真實現況，因而制定的優勢戰略，助益彰顯。

五、法鼓山聖嚴師父

　　聖嚴師父一生致力教導我們，將禪修的觀念及禪修的方法，普遍地推廣到每一個人的日常生活中去。禪法的最終目標，的

確是開悟成佛，若不能開悟，只要運用禪法，就對身心的健康與平衡，有大受用。

禪修觀念是：認識自我、肯定自我、成長自我、消融自我。

禪修方法是：放鬆身心，集中、統一、放下身心世界、超越於有無的兩邊。（註2）

　　我在商場多年的經驗：「最簡單有效的創新，就是沒有創新的創新」，因此我善借佛法，禪機及孫子兵法將它融合與創新後，創立「Pro-VT® 標竿績效管理系統」，深深符合以漸修為首要，基本功紮實深入後加上禪宗三十六對引導，以期有頓悟之期待，再以孫子兵法之五事，佛法菩薩行及道家內聖外王為架構，依序引導，實為卓越經營管理的清晰指針，頗為符合華人經營管理泰斗李嘉誠所期望之：「好謀而成、分段治事、不疾而速、無為而治。」

　　以下是我以漸修 「 基本功」及頓悟 「創新思維」為緯，孫子兵法及佛法為經，對商場優勢禪簡單說明：

第一領域：漸修「基本功」

　　我在新加坡大學的 EMBA 精華班上，經常挑戰高階學員的一個問題：

　　卓越經營管理紮實基本功最需要專注的領域是什麼？經過多年的回饋整理，以優質團隊，優勢戰略及高效執行力最為學員重視。

一、優質團隊 態

　　創建一個優質團隊，我經常喜歡用一個字來涵蓋，首先是經營者品質。它是經營者具備良好的商場信念與核心價值觀（道），清晰的自我認知（人），心的修持（心）及不斷提升自己的商場智能（能），也就是道家的（內聖），佛家的（自覺）。接下來，就是經營者能夠吸引合適成員 （人），並且能夠讓他有心又有能力樂於貢獻 （心能），從而產生堅實的企業文化（道）。就是道家的（外王），佛家的（覺他）。

二、優勢戰略（謀）

　　企業要先有一個清晰明確的願景，使命與核心價值後，經由企業內的核心骨幹訂出合理而且具有挑戰性經營管理策略目標，然後依據孫子兵法核心思想先勝後戰的指引，考量優勢性，實踐性，獲利性與風險性，從而發展出競爭優勢戰略。

三、高效執行力（勢）

　　高效執行力經常是由團隊氣勢所營造而成，孫子兵法「將」是團隊氣勢優劣最關鍵因素。孫子兵法兵勢篇說到：「故善戰者，求之於勢，不貴於人；故能擇人任勢。任勢者，其戰人也，如轉木石之性，安則靜，危則動，方則止，圓則行。故善戰人之勢，如轉圓石於千仞之山者，勢也。」

　　「將」就是領導者的品格與智能，多年來一直在西方國際
大型企業服務，不論是到美國公司管理培訓中心，或是到英國
牛津大學領導發展中心受訓，所著重的都是管理力與領導力的
提升。

　　近年來領悟到團隊氣勢與領導者個人的威儀氣勢息息相關，
透過修禪學習四威儀（立如松 、坐如鐘、 行如風 、臥如弓），
以提升個人威儀氣勢是具體可行的修持。

第二領域：頓悟（易）

　　既然深切了解頓悟創新不可期，但是還是要有創新才能見
到漸修的圓滿，我們就需要有一套幫助我們比較可能在商場上
與別人不同的創新作法，以下是我個人在學佛修禪之後一些在
創新思維方面的領悟。

一、金剛智慧（最簡單有效的創新）

　　持誦《金剛經》多年，無法理解其深意，尤其是經文中經
常出現的句型：「佛法、即非佛法、是名佛法。」「莊嚴、即
非莊嚴、是名莊嚴 。」「凡夫、即非凡夫、是名凡夫 。」， 更
是讓人不得其解，一頭霧水。 一直到閱讀法國社會心理學家托
利得的托利得定律：「測驗一個人的智力是否屬於上乘，只看

腦子裡能否同時容納兩種相反的思想，而無礙於其處世行事。」
才恍然大悟，《金剛經》最核心賣點就是同時處理兩種相反的
想法，產生人生大智慧的圓融作法。應用在管理領域「管理 、
即非管理 、 是名管理 。」引申應用在商場「不用管理的管理，
才是最佳的管理 」「不用創新的創新， 才是最佳的創新 」。
　　善借名家智慧結晶，將它融合後成為自己創新點子，往往
是最簡單有效的創新。我的《Pro-VT® 標竿績效管理系統》， 就

Pro–VT® 銷售績效管理系統

	標準績效制定			
銷售文化變革	銷售領導力提升	薪酬與獎勵		
新組織架構	聚焦選人	即時資訊		
銷售策略規劃	訓練與咨導	去蕪存菁	KAIZEN	Benchmarking
策略變革	優質團隊組建	團隊氣勢	永續改善	標竿績效
謀	儱	勢	易	善

是善借融合後的自創系統，它在我的工作崗位及教學上發揮極大助益。

在擔任花旗銀行亞洲業務總監及渣打銀行全球消費金融業務總監近二十年期間，我就以這一套 Pro-VT® 績效管理系統轉化為銷售績效管理系統（Pro-VT® Superior Sales Managment Process），實施於各國，均得到相當好的評價與績效。

二、定靜安「觀」得

過去對《大學》這一句金言「定、靜、安、慮、得。」覺得是很好的境界提升次第，然而在我學佛修禪後，將它轉化為「定、靜、安、觀、得」，更能夠產生實際效益。所謂觀，就是「專注又不執著」，在觀之前，我們先得照，「洞然明白、清清楚楚的認知」。

聖嚴師父對觀照的註解：絕對透明的、沒有障礙的、沒有自我的，是超越於主觀和客觀之上的。

賈伯斯年輕時，曾經專程到印度學習禪坐，他在選擇蘋果研發出的多個版本的新產品，在決定要選擇哪個產品問世時，因為蘋果對創新產品不做顧客調查，他也不開會，後來是把那幾個樣品帶到房間，在地上禪坐後，做出它的決定。

定靜要觀得

三、轉識（八識）成智（四智）

　　眼識、耳識、鼻識、舌識、身識、意識、末那識及阿賴耶識為「八識」，第七識末那識為「我識」，「無明識」是因為我執而產生的障礙。第八識「阿賴耶識」為「種子識」，意識的最深層前七識都是由他而生。

　　我們用功深入體悟，將前五識轉化為「成所作智」，將第六識轉化為「妙觀察智」，將第七識轉化為「平等性智」，將第八識轉化為「大圓鏡智」。

四、禪宗三十六對法（出格想法）

　　「一句合頭語，萬世繫驢橛。」合頭語就是正確的答案，但正確的答案，卻往往是久久長長栓繫你、障礙你的繩索和牢籠啊！

　　學習壇經三十六對法就是要瞭解任何事情，除了我們自己的想法外，一定要從另一個角度思維，才能得到

圓滿思維。三十六對法主要的目的是，超越個人的執念、偏見、固執思考模式與常見。

　　它是一種典型的逆向思考訓練，也是很多科學家或藝術家，在從事創造活動時的思考方式。例如：天與地對、日與月對、明與暗對、陰與陽對、水與火對、有與無對、直與曲對、實與虛對。

　　以下就是有與無對的應用實例：

　　－天花　愛德華・詹納（Edward Jenner)醫師不是從得到天花病患的治療著手，而是牛奶女工不會得到天花，從而發明種牛痘來預防天花。

　　－Apple 手機　賈伯斯從傳統有鍵盤的手機，思考無鍵盤的手機，提出顛覆性解決方案，捨棄鍵盤使用觸控螢幕創新世代手機。

結語

　　禪宗大德、孫武子、聖嚴師父及近代高人為我們開示大道，在經過融合整理後，提出上述的架構，期盼有助於企業高層經營管理者及禪門同修依次第先紮實漸修，再依機緣福報得頓悟創新，達到大圓滿標竿至善境界。

註1：聖嚴說禪　　註2：聖嚴《禪鑰》

Chapter 3

第三章 禪思與禪悟

　　這一章中將只有提出問題，是我從《金剛經》與《六祖壇經》的持誦過程中，產生的啟發與靈感，請您以自己的「定靜安觀得」原則，總結出自己的想法，在適當時機，與有緣同修，互相學習與成長，以印證禪法與職場優勢的提升之實際助益。

（一）體悟心得

　　在商場、職涯與人生的歷練上，您個人在「大願心＋基本功（漸修）＋變革創新（頓悟）＋高效執行＋機緣」的體悟心得？

（二）基本功

　　百丈道恆禪師開示眾生，有時候上堂，大家才到齊，他就說：「各位喝茶去吧」，然後就走下了法座。

　　有時候在大家到齊以後，他又說：「各位多多保重」說完就走了。

　　有時候大家剛剛到齊，他卻說：「各位都回去歇著吧」，然後他就離開。

　　他經常用這種方法來開示，但眾人卻不瞭解其中的含意。後來他自己做了一首偈子說：

　　「百丈有三句口訣：喝茶、保重和休息，只要當下能承擔，否則見解不徹底。」

喝茶、保重和休息看似稀鬆平常了無新意，但卻是一切的根本。為了一些所謂更重要的事而忘了喝茶，保重和休息，終將得不償失。

我是到 63 歲看了 TED 影片，才知道如何繫鞋帶，最近看了陳武雄菩薩的：默照禪的生活美學，才開始思索：

如何呼吸？

如何吃飯？

如何走路？

如何睡覺？

如何享受大自然？

百丈禪師的開示及我的人生體悟　，給你在經營管理的啟示？

（三）處處金剛智慧　自己雕琢自己

洞山禪師年輕時代曾在南泉禪師的門下，一日適逢南泉師父馬祖禪師的忌辰，南泉準備了齋飯，問眾弟子說明天我為馬祖設齋，不知道他還來不來。眾弟子無法回答，洞山說如果有伴，馬祖就會來。南泉禪師不禁讚賞，說這個和尚雖然年輕，但大可雕琢。洞山卻說：師父，您不要糟蹋我。

思：洞山禪師的開示，給你在經營管理的啟示？

（四）順逆皆為空

宋　蘇軾《定風波》

莫聽穿林打葉聲，何妨吟嘯且徐行。

竹杖芒鞋輕勝馬，誰怕？一簑煙雨任平生。

料峭春風吹酒醒，微冷，山頭斜照卻相迎。

回首向來蕭瑟處，歸去，也無風雨也無晴。

雨穿過竹林敲打竹葉，發出颼颼聲，內心平靜無波，不介意風風雨雨。何妨吟著詩、唱著歌，悠閒緩慢地走在路上。

我手裡拿著竹仗、腳上穿著芒鞋，這比騎馬還要輕鬆愉快，我不怕外面變化多端的風雨。穿著簑衣、迎著風雨，已經是我平生習慣。

　　帶著寒意的春風，把我從醉酒裡吹醒了，有點冷，但山頭上有一輪西沉的斜陽，迎面照耀著我。

　　回頭看來時走過的路，雖然 經歷過風雨的蕭瑟，但風雨並沒有改變我心境，一切都已過去。無所謂什麼風雨？也無所謂什麼陰晴？這些我都已不放在心裡了。

> 🧠 思：大文豪蘇東坡的官場際遇及這句「無風雨也無晴」給你在
>   商場有何啟發？

（五）漸修 VS 頓悟

　　雖然有南頓北見之不同見解，然而不漸修哪有頓悟？沒有頓悟和能見到漸修的圓滿。

　　頓悟是一種赫然的開朗覺醒，而漸修是一種日積月累的功夫。

　　有經年累月的漸修（基本功），才會有朝一日頓悟（創新產品與服務）。

漸修與頓悟猶如鳥之雙翼，缺一不可。

「身是菩提樹，心如明鏡臺，時時勤拂拭，勿使惹塵埃。」

「菩提本無樹，明鏡亦非台；本來無一物，何處惹塵埃。」

🧠 思：你對漸修與頓悟的看法？在職場上。有哪些實例？

（六）不欺（誠意正心）之力

　　某天，奕尚禪師從禪定中起來時，剛好傳來陣陣悠揚的鐘聲，他凝神諦聽。鐘聲停後，他問侍者：「敲鐘的是什麼人」？侍者答：「是一位新來的沙彌。」奕尚於是將這位沙彌叫來。問說：「剛剛你是用什麼心情在敲鐘？因為我聽到的是非常高貴響亮的鐘聲。只有正心誠意的人，才能敲出這樣的鐘聲。」沙彌說：「我心裡並沒有刻意念著什麼，只是我還沒有來此參學前，家師經常告誡我敲鐘時應該想鐘就是佛，要敬鐘如佛，用虔誠禮拜的心來敲鐘。」奕尚聽了說：「這就對了，以後不管做什麼事，都要保持這種心」。這個沙彌，後來就是知名的深田悟由禪師。

🧠 思：奕尚禪師為什麼有此細膩之心？

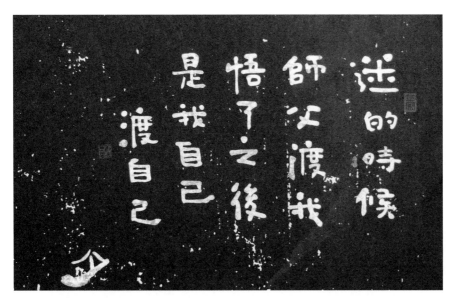

（七）迷時師渡 悟時自渡

　　禪宗五祖弘忍在將衣鉢傳給惠能後。勸他到南方去，師徒兩人坐著一條小船渡過江。夜色迷離，弘忍和惠能爭著操槳。弘忍說：「應該是由我來渡你過江」。慧能說：「不，迷的時候是師父渡我，悟了之後是我自己渡自己。」

思：五祖弘忍為什麼要爭著操槳？給您在商（職）場有何啟發？

　　善借「迷時師渡，悟時自渡」，擴充為「迷時師渡，悟時自渡，適時逆師。」

思：要成為老闆倚重的左右手，一定要具備此項能力？
　　而且成功 CEO 也一定要具備此項能力？為什麼？

（八）王國維人生成就的三種境界出了什麼問題？

王國維在《人間詞話》中的一段有關人生成就的三種境界，值得我們學佛禪的現代人來參一參「古今之成大事業、大學問者，必經過三種之境界」：

「昨夜西風凋碧樹，獨上高樓，望盡天涯路。」此第一境也。

「衣帶漸寬終不悔，為伊消得人憔悴。」此第二境也。

「眾里尋他千百度，驀然回首，那人卻在，燈火闌珊處。」此第三境也。

> 思：在現實社會職場上追求成功，一定要經過第二境界嗎？
> 您的想法？

（九）六祖惠能與神會

　　神會是為惠能確立地位的好徒弟，神會最初是神秀的徒弟，在十四歲那年轉來參拜惠能。當惠能說他不久於人世的時候，弟子們都不捨涕泣，只有神會神情不動，因此惠能特別嘉許神會。

　　惠能主張的頓悟觀，在惠能圓寂後，即使在南方大本營，也是花果飄零，氣若游絲。反倒是主張漸修的北宗，在北方非常興盛。神秀和他的弟子普寂，都被尊崇為國師。普寂尊神秀為禪宗六祖，自稱為禪宗七祖，他們師徒兩人是「二京法王，三帝國師，朝臣歸崇，雄雄若是，誰敢當衝。」，只有神會獨力弘揚惠能的南宗頓教。

　　惠能如果沒有神會這樣的好徒弟，那他的南宗頓教可能無法傳至今天。而神會本人，傑出優秀，也有著作，可惜徒弟們個個平庸，他的漸修北宗，在傳了四世代以後就消失了。神會的著作也因此就從人間蒸發。

　　思：六祖惠能與神會的傳承故事，給你在經營管理的啟示？

（十）禪宗三十六對法

學習壇經三十六對法就是要瞭解任何事情，除了我們自己的想法外，一定要從另一個角度思維，才能得到圓滿思維，這就是三十六對法。

三十六對法主要的目的是，超越個人的執念、偏見與固執思考模式。

它是一種典型的逆向思考訓練，也是很多科學家或藝術家，在從事創造活動時的思考方式。

> 思：當所有部屬對你提出的建議，一致贊同無異議。
> 作為主管的你，如何因應？作為高階領導，只看月底平均數，考核部屬績效，你將漏失什麼？

(十一）一句合頭語，萬世繫驢橛

合頭語就是正確的答案，但往往是這個正確的答案，比錯誤的認知更能蒙蔽你。

學習活用佛禪法於生活與職場，一定不要停留在一個現成的，哪怕是正確的答案上，要自己完成對事理的真正認識。

> 思：「用人不疑」是一句耳熟能詳的商場真理（合頭語），但是全然深信遵守，卻可能讓你身敗名裂，一敗塗地，為什麼？在你的職場與商場有真實例子可以分享嗎？你有何因應對策？

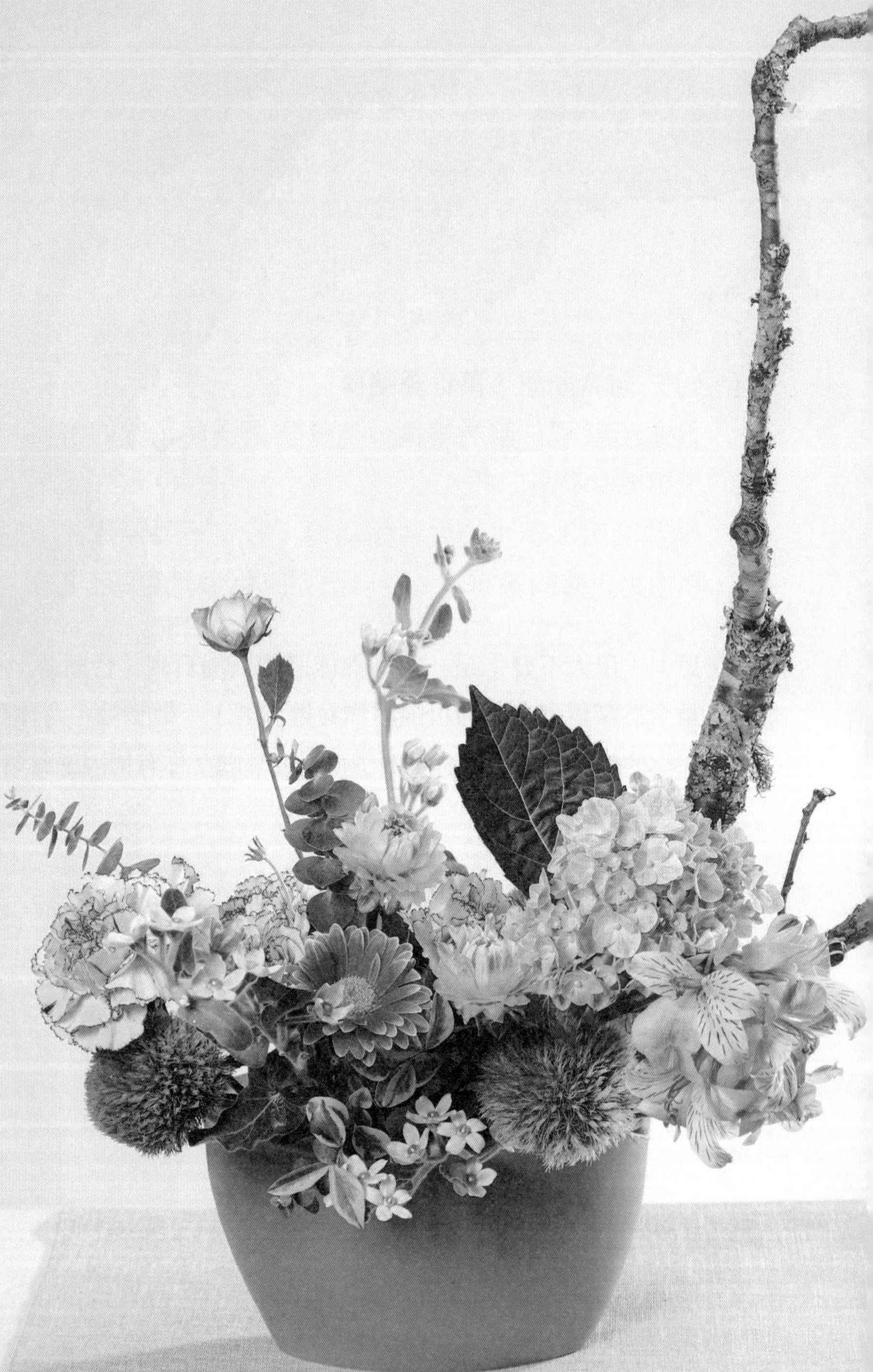

善借・遵循

Chapter 4

譜織圓滿至善人生之旅

第一階段：自我認知、自我提升（自覺／內聖）

第二階段：發揮自我、實現自我（覺他／外王）

第三階段：自我昇華、自我消融（小我、無我）

Chapter 4

第一章　善借智慧　自利利他

聖嚴師父認為：人生最主要的課題與挑戰就是「找到人生的大方向」。

達賴喇嘛（Dalai Lama）對大圓滿曾做過多次的開示，他在1989 年獲得諾貝爾和平獎之後曾說：「每一個人都有同樣的潛力，發揮慈悲的力量；唯一的問題就是我們有沒有真的在乎這個潛力，有沒有在我們日常生活中發展並實踐這個潛力。我的期望是，越來越多的人會發現慈悲的價值，也會走向利他主義的道路。」

聖嚴師父又說：「人生的目的，凡夫是來受報還債，佛菩薩則是來還願；如果知道人身難得，能夠知善知惡、為善去惡，人生就有了意義；如果又能進一步積極奉獻、自利利人，這就是人生的價值。」

二位我所敬佩的高僧同時告訴我們，圓滿人生的大方向就是「自利利他」。

在「自利利他」指引下，一個人要有成功圓滿充滿意義的優質人生，最基本的就是在職場能夠發揮潛能，盡心努力工作，賺取一份合理的酬勞，先把自己及家人照顧好，其次就是自己覺得自己的人生是具有意義的。

具有意義的人生，不只由工作賺取一份豐厚的收入， 更由自己的貢獻， 而幫助更多人 ，過幸福且有意義的人生，為社會整體水準的提升做有意義的貢獻，這就是你的優質人生意義 。

　　遵循聖嚴師父的開示：「找到人生大方向」，自己幾經嚴謹思索，確定過一個「優質圓滿有意義的人生」是我的人生大方向。接下來，最重要的是規劃如何達成此一目標的方案與做法。本著過去成功模式，面對人生大課題與挑戰，總是先「善借」古德先賢與名家的論述，擷取與自己相契相應之處，加以融合創新，成為自己遵循的法則。以下四個深具禪味的人生三階段境界，是在此一課題最令我信服的四大名家：宋代不知名禪師、王國維、蘇東坡與青原惟信禪師。

宋代不知名禪師

➡ 第一階段：落葉空滿山 何處尋芳跡

➡ 第二階段：空山無人 水流花開

➡ 第三階段：萬古長空 一朝風月

王國維

　　王國維在《人間詞話》裏，引用了三句古人詩詞，來說明古今成大事、成大學問必須經過的三個階段。

➡ 第一個階段：昨夜西風凋碧樹，獨上高樓，望盡天涯路。

　晏殊：《蝶戀花》

➡ 第二個階段：衣帶漸寬終不悔，為伊消得人憔悴。

　柳永：《蝶戀花》。

➡ 第三個階段：眾裡尋他千百度，驀然回首，那人卻在，燈火闌珊處。

　辛棄疾：《青玉案‧元夕》

蘇東坡

➡ 第一階段：橫看成嶺側成峰，遠近高低各不同；不識廬山真面目，只緣身在此山中。

➡ 第二階段：廬山煙雨浙江潮，未到千般恨不消；及至歸來無一事，廬山煙雨浙江潮。

➡ 第三階段：溪聲盡是長廣舌，山色無非清淨聲；夜來八萬
　　四千偈，他日如何舉似人。

青原惟信禪師

➡ 第一階段：看山是山，看水是水
➡ 第二階段：看山不是山，看水不是水
➡ 第三階段：看山還是山，看水還是水

我的人生三階段

　　經由「善借」各家論述加以融合創新後，我的「優質圓滿
人生」三階段規劃如下：

➡ 第一階段：刻意學習提升（自我認知 自我覺醒 自我肯定 自我提升）
　　新奇 茫然 志向 遠大 選擇 追循
➡ 第二階段：優雅奮鬥向上（自我實現 自我超越）
　　艱辛努力 用心觀照 破繭而出 用心做好自己 達成自己的價值
　　觀 雲淡風輕的醒悟
➡ 第三階段：享受餘命人生（自我昇華 自我消融 小我無我）
　　茅塞頓開 清淨 弘法利生 與宇宙天地同在 智慧禪悟

　　離開職場後，有較多時間研讀《金剛經》、《六壇經》與《維
摩詰經》，人生大圓滿境界又有另外一個層次的提升。

❦ ❦ ❦

第二章 圓滿至善優質人生

　　《金剛經》的「樂阿蘭那行」，啟發我過清淨少慾的餘命人生，期許自己可以自在快樂地生活在真如實相中，又能體悟空假虛無，就是人生的大圓滿。因而有如下的體悟：

　　幸福與人生意義的實現不在於苦苦追尋，終於得到或佔有什麼，而是在每個當下在實現自我理想的同時所產生的喜悅。正如唐朝無盡藏比丘尼所寫的這一首禪詩：

　　　終日尋春不見春

　　　芒鞋踏破嶺頭雲

　　　歸來偶過梅花下

　　　春在枝頭已十分

　　秉持感恩知足的心態，自認我有成功圓滿的人生，一個山村子弟，資質愚頓，二流大學畢業，但是卻在職場一路順遂，在遇到昇遷瓶頸時，佛法及時助我提升到另一個層次，因此工作得心應手，成為國際知名銀行的全球業務總監，業績表現不俗，薪酬與股票選擇權令我退休資糧無虞，除了照顧好自己及家人之外，還有能力在法鼓山的體系內，做一些慈善公益。另外給我最大滿足的是在師父圓寂時的發願，結合佛法與管理，

盡力做法布施的工作,不可思議的是能在全球三個由華人創立的國家(台灣、新加坡及中國)的頂尖大學(台灣大學、國立新加坡大學及北京清華大學)乎任教職,融合佛法與領導管理的講座,學員反應十分正面受用。過了人生七十不惑之年,思維在佛法學習薰陶下,日趨成熟穩健,如實地踏上歸隱年華,默默地做一個利他的法佈施行者。

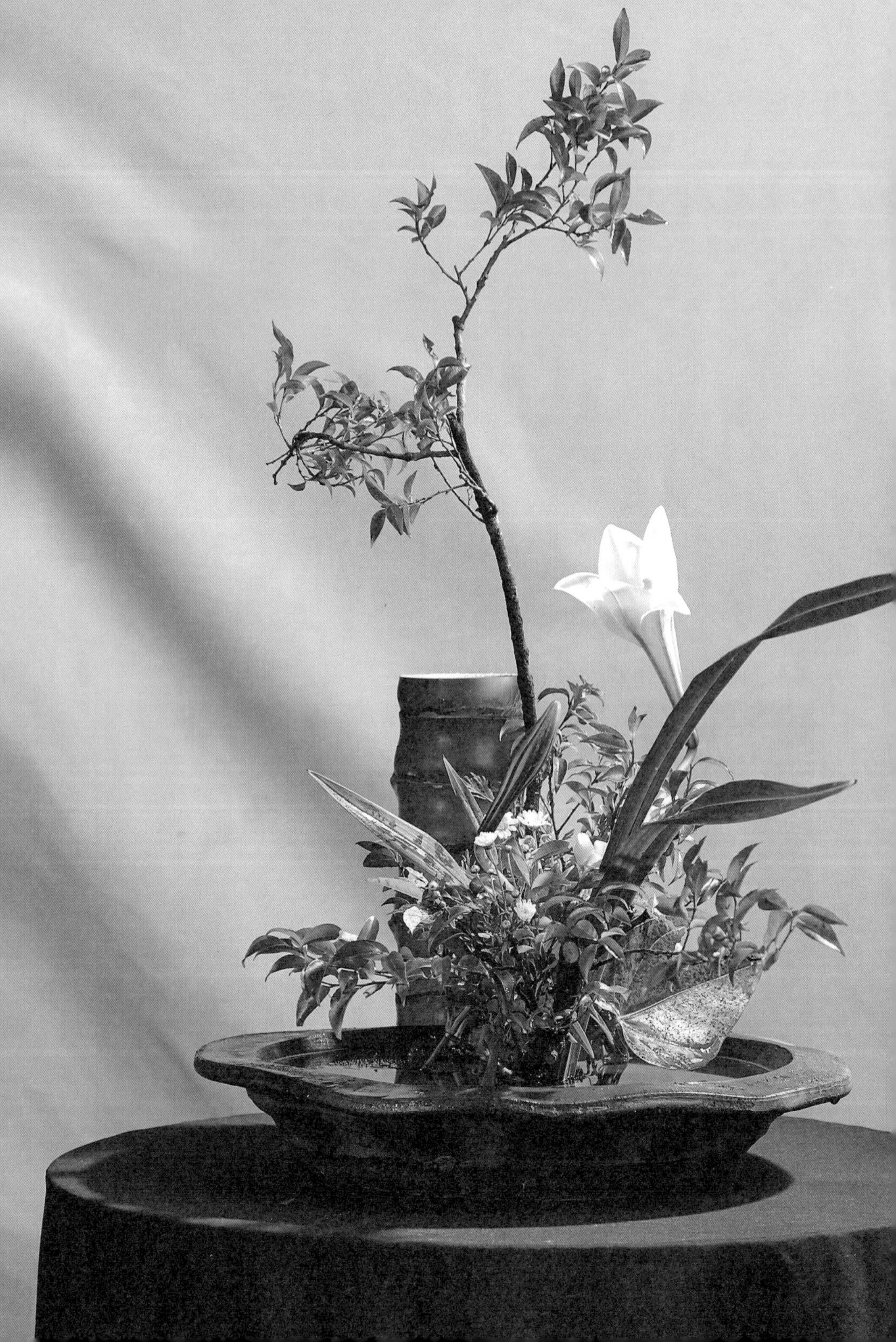

信解・行證

Chapter 5

佛禪智慧學習實踐心得

佛法融入管理之中、融入自己的職涯與生活當中,從實踐的過程中得到法益,成就更好的自己,開創自己的優質人生。

Chapter 5

信解行證

　　1981 年在累積 10 多年的工廠管理經驗之後，在生產管理與存貨管理的績效得到業界同仁贊許，加上自己深入研究物料管理電腦化，與好友梁培華先生共同撰寫出版 MRP 理論、實務與電腦化，引起學界的重視，台灣大學企業經理進修班邀請我在台大傳授「生產規劃與存貨管理」課程，它開啟了我在學界教課的經驗。

　　1991 年在新加坡大學 EMBA 精華班的邀請下，開始傳授高階管理實務課程，1994 年回台灣參加由聖嚴師父主辦的菁英禪三，開始將佛法融高階管理課程中，同時也在新加坡及台灣開始法布施的工作。

　　佛法融入管理之中，深深感受到學員們的受益良多，每每授課後，我期許學員們務必將課程中所學融入自己的職涯與生活當中，並且從實踐的過程中得到法益。

　　以下就是學員代表的回饋。

自我深層的認識與瞭解 — 陳莉娜

在分析完人際風格後，對自己受用很大，這看似簡單的分析，能進一步瞭解自己，原來自己有這方面的優勢，內心有股莫名的快樂，有種充滿能量的感覺。

因為以前不瞭解，總是不斷的要修正自己的個性，去配合他人，但好辛苦。在人際相處上，經常會遇到許多障礙，尤其總是對表現型的人看不慣，是因為自己習慣性的用自己的標準來看他們時，原來他們是一群與自己風格完全相反的人。

上課之後，我瞭解到，每個人都有獨特的風格，要好好運用自己獨特的風格，讓它能在團體中做出不同的貢獻！再者，我開始學著不去改變別人的風格，不去批判與自己風格不同的人，而試著用另種角度去欣賞他，尤其是這張「如何與各型人士相處更愉悅及更有效能」的分析表，讓自己在對待不同風格的人時有新的作法，如我已瞭解自己的風格後，我也開始去看他人是什麼風格型的人，並把這張寶典（如下附圖）拿出來複

習，看看要如何對待他人，事先調整一下自己的心態及作法，
再出發，這也許就是「知己知彼，就能百戰百勝了」！

下次再與不同型的人相處時，我將更有方法，也多一點自
信，與他們有效共事了！

如何與各型人士更愉悅相處

表現型	關注讚賞	描繪藍圖	表現活力	肯定傾聽
平易型	營造氛圍	架構引導	誠懇感性	鼓勵讚許
分析型	系統邏輯	實事求是	降低速度	耐心傾聽
駕馭型	簡單直接	降低感性	提高效率	避免瑣碎

我如何應用所學，創造優質商場生涯 — 朱雲鐸

　　非常高興有機會來上這堂課「活用佛法，提升職場優勢」，除了學習針對不同人際風格的相處之道，也對管理的觀念及方法上有許多的進步，不僅自己已感受到有效發揮職場優勢，連公司的氣氛也變得更積極，更有效率。

　　個人在這次的課程中，感受到創造優質職場優勢的同時，其實更代表著人生品質的躍進，將所學的應用到職場上或生活中，都將讓自己過得更自在，更充滿智慧與圓滿。以下是我將善用所學的重點：

認識自己

　　不論從佛法中所提及的四念處或八識，以及人際風格和天賦的測驗中。都讓自己更瞭解自己具備的優勢及特質，將它善用

之後，就能增進人際關係及談判的優勢。此外，瞭解基礎佛法之後，更能認清自我，瞭解最該管理好的不是別人，而是自己。

懂得做事的態度及方法

如同來課堂分享的果旭法師所陳述的，我之前做事總有「上面不支持，下面不配合，旁邊的會排擠」⋯諸如此類的抱怨，而且是一再的重複上演，但是在自我管理提升之後，很多的困難真的都有慢慢在化解。接下來如果能善用老師所提到的「竅門」，加上「善借」，原本認為不可能攀上的高峰，現在看來也似乎並不這麼遙遠了。記得曾在一個場合看到 80/20 法則的演說，當中提到「80% 的人用頸部以下謀生及過日子，20% 的人則僅需使用頸部以上即可」。現在看來，更能瞭解其中的含意及奧妙。

擁有熱情與感恩的心

蘭迪、鮑許曾說：「困難是為那些不夠熱情的人所砌起來的高牆，唯有夠熱情的人才會想辦法翻越」。「熱情」在老師的課堂上，又再一次的被提起，這真的激勵我自己很深，想要

成功就要比別人多堅持，如何堅持？就是要靠一股熱情。此外，在課堂上學到要在心上面下功夫，自己也覺得受益良多。看到聖嚴法師的《一○八自在語》，無處不是在叮嚀著我要感恩周圍的人以及環境，不論是善緣或是逆增上緣，自己都應該當作是自己種福、培福的機會。

善用佛法來圓滿商場及人生

在上了老師的課及自己不斷省思之後，驚覺自己當初所謂的人生目標，竟是如此的狹隘及近利，在職場及商場上你爭我奪，竟然在放下後可以得到更多。在接觸更多的佛法書籍之後，也發現原來生命可以這樣美好及充滿智慧。只要自己肯轉念，風景和際遇都將不同，只要自己多存一份善念，事情都有機會可以圓滿。善用佛法可以讓自己在做人處事上更大氣、更寬容、更冷靜、更有智慧……有這麼多的好處可以讓自己更快樂、更充實、自己更應該努力實踐，讓更多人能瞭解佛法的好。

課後的行證回饋 3

一次心靈的洗禮 — 何茹

炎炎夏日的午後,突來一場大雨,將所有塵埃及燥熱洗去,那該是怎樣的一種清涼和舒暢。從西安參加總行舉辦的人力資源管理培訓回來快半個月了,但我仍有這種如沐夏雨的感覺。

這次培訓不同於往常,帶給我的不僅僅是管理技能培訓,更是一次撞擊靈魂的,心靈的洗禮。戴萬成老師由內而外的祥和、謙遜、慈悲與高貴的氣質,令人折服而難忘。這絕對是一個大師級的人物,我等小輩有幸能夠聆聽其教誨,除了感謝總行人力資源部的慧眼識才,還有兩個字「緣分」:我總以為,人與人之間是有緣份的,師與生之間也是有緣分的。戴老師授課的內容與對象大多是針對高層管理,而我只是普通員工,能夠聽戴老師兩天的課,這不是緣份是什麼?整整兩天,我睜大眼睛,唯恐錯過一個字。這是我生平第一次聽到並驗證了:佛學即教育。我心於此安住。

佛法果真不單單是宗教,它是嚴肅的人生教育,它指出了生命最終的方向。我更體悟到佛法是「世間法」,一般人總誤

以為，信佛學佛的人悲觀厭世、逃離紅塵，是不負責任的懦弱的人，其實並非如此。

　　佛法是積極入世的，一點兒也不悲觀，如果能把佛法的觀點用在工作和生活上，人生的態度會完全改變，生命也會因此豐富而幸福。戴老師儼然是一位佛學大師，而且不遺餘力宣揚佛法，更不斷把佛法融會貫通到現實生活中並教育、傳承給下一代。

　　現代社會充斥著浮躁和功利，如何才能掌握自己的身心，追尋自己的夢想，大師為我們指出了方向，洗去浮塵，面目一新。猶如醍醐灌頂，一下子打開，也驗證了我原先的觀念。

　　戴老師不單單是佛學大師，他把佛教的「苦集滅道」、「四攝心」、「慈悲精進」、「和敬清寂」作為基礎，再加上「智慧」，即：儒家的經世責任，道家的圓融自然，法家的謹規嚴律，兵家的謀略攻防全部融合在一起，「惜緣感恩」、「以菩薩心懷，行霹靂手段」，修煉自己成「內聖外王」，讓人感受到他內斂的，隱隱欲發的強大的力量。

　　心態是決定成敗的關鍵，而佛法正是理心的，能讓你的心一絲不亂，固若金湯，安住於心，且自由於心，運用智慧和覺

悟，把工作做好，把生活過好，才能夠超然於物外，人生才會更上一個層次，才能找到自己真正的價值。

戴老師所講的，並不單單是佛學，內容涵蓋很多，有思想意識層面的精神感悟，也有管理操作技能上的實用知識。師者，傳道授業解惑也，我以為，戴老師都做到了。戴老師不乏幽默，因為大家工作繁忙，離不開手機，大師課間提了一個小小的要求，要我們上課有接手機的，發短信的，回去要布施一佰元，想來莞爾，記憶深刻。大師身體力行，隨時傳播佛法，這叫「善巧方便」。

自己才疏學淺，不敢與大師做進一步的交流，甚為遺憾。不知以後是否還有緣份聆聽大師授課，再接受一次心靈的洗禮，但是這次師生之緣我應一世不忘，是為記。

怎能錯過這場『職場般若』盛會 ── 黃馨言

　　民國 94 年當我處於 35 歲這個臨界年齡之時，原本還有機會闖盪出些名堂，卻在識己不清、福報不足及與管理技能欠缺的種種劣勢之下，退出原本擅長的領域。為了轉戰另一個完全不熟悉的職場，我用了兩年多的時間研修相關課程、儲備職能，卻在幾番試煉後發現那完全不是自己要的。於此同時，一路硬撐起來的身體再也撐不下去，就此休養生息了超過 20 個月，眼前的所謂職場生涯，可以說是一張白紙任我揮灑，也可以道是困境障礙重重。

　　正值此職涯一片幽暗蒼茫之際，慈悲的菩薩賜予我一份千山難尋的寶藏 -- 由安和分院開辦、戴萬成顧問主講的「活用佛法，提昇職場優勢」課程。我個人從中所得所感幾近勝過花上兩年研修管理碩士學分、研讀管理大師叢書、奔波於各類講座之所獲。

　　這場短短 10 個鐘頭的職場般若盛會，對致力於追求自我成長、超越自己的工作人而言，毋寧是以最少的投資（時間＋金錢＋精神）換取最大報酬的方便法門。

　　來吧！來一趟『職場般若盛會』巡禮！

　　第一堂　從建立基本信念入門。這些融合佛法、禪、諸子各家精神與現代企業管理精隨，加以戴顧問在國際職場上積累二十餘載淬煉而成的信念，架構出整體課程的靈魂。

　　第二堂　運用蓋洛普（Gallup）分析工具認識自己。透析人際風格、發掘天賦特質，進而擴及至瞭解他人（家人、同事、主管、部屬等）。隨著課程逐次的推演延伸下來，我終於能夠如實剖析自己，甚至修正過去偏離的自我認知。此工具更可應用於增進夫妻、親子、主從、朋友等等其他各種人際關係之中。

　　第三堂　揭示獨樹一格的修心法要與職場實務運用。無論來自何種行業、擔任何種職務，我們都得以將那職場心法套用結合，所學不再只是空洞的論調、遙遠的願景。

　　第四堂　導入各項管理技能，並涵蓋自我管理、向上管理與平行管理。其不僅適用於管理階層，對一般工作者，更是提昇個人工作效率與績效的重要技能。

第五堂　推行出個人 SWOT 職涯戰略地圖。經過前面四堂課不斷的探索、激盪、整合，最後針對個人職涯進行全盤重整分析，找出對的戰場，造就自己、成就他人。

　　課程中，佛法與職場優勢提昇之道緊緊相扣。課堂上，我們擁有自在的互動環境；課後，我們在網路上仍享有開放的分享空間 - 這使得我們短暫而豐富的收成，將來還有無限擴充的可能。

　　此刻，當我回首十年過往，才恍悟：原來那些職場上的腥風血雨，飄搖跌宕，都只因為福報不夠。然拜做義工之賜，我覺得自己開始享有大福報：能參與這課程就是。它喚醒了一顆沉睡已久的心靈，彷彿在為我重啟職涯鋪路。如果沒有這盞明燈的引領，即使一個好工作降臨，我仍會依照以往的慣性去處事，終究還是會落得一事無成。縱使徬徨難免，但我願相信：有福報就有希望，有修行就有未來。

　　願將所學落實延伸，並以此職場般若貫穿未來之路。

高階管理者最想學的佛系管理系統

── 曾美煖 施心媛 採訪撰述

　　不會做業務、數鈔票，卻能夠擔任花旗、渣打等外商銀行亞洲／全球業務總監。不具有碩、博士學位，新加坡大學、清華大學與台灣大學卻有很多博、碩士高階管理人是他的學生。不是專任教職，卻曾經有幾萬名企業管理者上過他的課。

　　「人生會有這樣的因緣，其實都是因為 1994 年參加聖嚴師父帶領的菁英禪三，我才瞭解到，若要在管理上更進階，不要只想自己成功，而是要把『利他』放在第一位。」總是笑眯眯的戴萬成菩薩，法鼓山的師兄姐看到他總尊稱他一聲「戴顧問」，因為他在職時管理績效卓越，從工廠管理，到美妝品行銷，最後在金融業深耕，管理版圖從台灣一路擴展到亞洲、中東、東歐、全球；他獨創 Pro-VT® 標竿績效管理系統，將佛法智慧巧妙運用其中，故從金融業退休後，開展出另一個教職舞臺，帶領許多企業主學習《金剛經》式的管理：「管理即非管理，

是名管理。不用管理的管理，就是最好的管理—讓員工覺得所做的事都是為他們自己而做的，每個人都做好自我管理，就是成功的管理。」

宣講佛法管理報師恩

26 年前，戴萬成菩薩剛從花旗銀行台灣區業務總裁榮升亞洲區業務總監，管理版圖擴大許多倍，差

旅飛行是日常，工作壓力是正常。當時因緣成熟，有人推薦他參加聖嚴師父帶領的「菁英禪三」禪修營，沒想到，短短幾天的課程，竟然改變向來對數字、績效偏執的他。「師父影響我最大的，就是凡事以利他為先的精神。師父也說，把自己所知

道的佛法，盡心講給別人聽，知道多少，就講多少，這也就是我一直努力的目標。」理性的戴萬成菩薩，在師父圓寂那一年暗自發了一個願：將師父教的佛法，結合管理科學在職涯的應用，寫出專論，並分享給有緣的父母、子女，一同學習成長。這一個願，今年也透過法鼓山的分支道場慢慢開展，協助年輕一代的菩薩，如何在職場上定錨正確的思維。

當理工腦袋遇上般若空性

所謂師父領進門，修行在個人。戴萬成菩薩菁英禪三結束後，學數理的他，對於佛法的空觀起了疑情，看遍了聖嚴師父、南懷瑾、沈家楨居士的書。「我學理工的，很堅信『凡是你用不到的修煉，全部是生命中無謂的空轉而已。』所以開始時，我對持誦《金剛經》產生很大的挫折感。直到看了一則網路笑話，我才改觀。」有人問畢卡索：「你的畫，怎麼都看不懂啊？」

畢卡索說：「聽過鳥叫嗎？」

「聽過。」

「好聽嗎？」

「好聽。」

「你聽得懂嗎？」

「看到這則笑話，我發現不懂也很好。加上管理本來就是善借，既然很多高僧大德都肯定《金剛經》的無上智慧，那麼，即使現在看不懂，繼續誦持下去總是沒錯！」20多年來，戴萬成菩薩幾乎把《金剛經》做為每日定課，也將般若智慧運用在管理、家庭、親子關係上。他經常跟在台灣經營公司的兒子說：「人生就是要努力，又要不努力，才是努力。」當了爺爺後，他更體會到對小菩薩的教養，「要寵，又不要寵，是為寵。」說完，當爺爺的他，呵呵笑了起來。

用方法搭飛機穿越時空

除了持誦《金剛經》外，每天三、四十分鐘的禪坐，也是戴萬成菩薩的定課。「我在外商公司上班時，每星期都要出差，有時候搭機、轉機，加上時差，真的很痛苦。後來就用了師父的那句『放輕鬆，坐上飛機，就到了』，後來我就運用師父這個方法，一上機就打坐，便再也不覺得搭機時間漫長。像前陣子從美國馬

里蘭州飛了 23 小時回台灣，一上機就放鬆，真的覺得一下子就到了。」戴萬成菩薩雖然鮮少參與禪七活動，但是禪修的方法卻時時用、天天用、到處用，而且自己覺得好用，還開課分享給更多的人用，對他而言，這就是報師恩最好的方式。

菩薩心懷，霹靂手段

　　戴萬成菩薩的課程，最核心的一句話便是：「菩薩心懷，霹靂手段」，「這其實是我從師父『慈悲待人，智慧處事』的開示中得到的啟發，再融入儒、法、道、兵積極務實的入世想法而成。」過去外商的管理技巧，對於績效墊底的 10% 員工，最常用的方法便是資遣。學了佛法後，戴萬成菩薩進一步把「凡夫畏果，菩薩畏因」的因果觀放在管理上，要管理者提前在第一季時就及早發現業績落後的人給予警示（霹靂手段）、協助對方找到方法（菩薩心懷），而不是在最後一季時給對方最後通牒。將佛法內化成自創一格的績效管理系統，兼顧制度與關懷，讓許多沒有宗教信仰的企業主學生們，深切體驗到什麼叫做「有佛法就有方法」。

很多人看了許多佛學經典後，反而覺得很難將佛法運用在互相競爭的職場上，戴萬成菩薩在台灣、新加坡、中國各地分享的管理智慧，卻將四念處、四聖諦、六度以及《金剛經》、《六祖壇經》等融入其中，「簡單，是最容易看到事情本來面目的方法，對我來說，複雜的事情簡單化就是佛法。」戴萬成菩薩言簡意賅的詮釋管理的心法，聽起來簡單，卻是最不容易學到好、學到滿滿的慈悲與智慧。

戴萬成教授 _Vincent Tai_
的修煉足跡

　　自喻山村子弟，資質愚頓，二流大學畢業，卻能有今日的福報，源於佛法的助益。

　　職涯的前 10 年，先後擔任美商 RCA 電子公司存貨分析師、美商 AMPEX 電子公司材料會計主任、美商 Rockwell 電子公司生產與材料企劃經理、美商 ITT 電子公司資材處長等。除了逐步累積工廠管理經驗，尤其在生產管理與存貨管理的績效得到業界讚許，為因應工廠管理升級的趨勢，深入研究物料管理電腦化受到同業的注意。1981 年，與好友梁培華先生共同撰寫出版 MRP 理論、實務與電腦化，引起學界的重視，台灣大學企業經理進修班邀請前往台大教授「生產規劃與存貨管理」課程，開啟了學界教課的經驗。

　　1991 年接受新加坡大學 EMBA 精華班邀請，傳授高階管理實務課程，1994 年回台灣參加由聖嚴師父主辦的菁英禪三，開始將佛法融入高階管理課程中，同時也在新加坡及台灣開始佛法布施的工作。

　　盡力布施的同時，不可思議的是，在全球三個由華人創立的國家（台灣、新加坡及中

國）的頂尖學校（台灣大學、國立新加坡大學、北京清華大學、新加坡南洋理工大學及中國人民大學EMBA）出任教職，融合佛法與領導管理的講座，學員反應十分熱烈。

秉持感恩知足的心態，工作得心應手、職場上一路順遂，當遇到升遷瓶頸時，佛法及時相助提升到另一個層次，並從工廠管理、行銷領域順利跨足金融管理，先後擔任美商AVON化妝品公司台灣區業務處長、銀行業務與服務品質管理、台灣花旗銀行業務副總裁、花旗銀行亞洲及中東業務總監、渣打銀行全球消費金融業務/服務品質總監等，成為國際知名銀行的全球業總監，績效有目共睹。

過了人生七十不惑之年，思維在佛法學習薰陶下，日趨成熟穩健；薪酬與股票選擇權，提供了無虞的退休資糧，除了照顧好自己及家人之外，還有能力在法鼓山的體系內做一些慈善公益，如實地踏上歸隱年華，默默地做一個利他的佛法佈施行者，擔任法鼓山心六倫宣講師；師父圓寂時發的願：結合佛法與管理的論述，如今，亦已如是完成。

禪藝合流　福慧康寧
—「臥雲山房」主人李幸芸之花與書

　　20歲許下的「佛法安頓身心，藝術活潑機趣」心願，自此悠遊30餘年的淬鍊，並於近10年前足履勤邁於杭州、寧波、青田、鄭州、昆明、廣州等城市，展開花藝教學、講座，人文空間經營、交流展示等，優雅的以藝會友時時勤拂拭自在步紅塵。

　　年少輕狂的生命時節在當時看來也許是附庸風雅，但隨著在大崙山上（華梵大學）七年的禪悟機緣與歲月的打磨，慢慢地已在「藝通乎道，藝與道合」的當代實踐下，積累了一些經驗與成果。疫情前在中國各城市以傳統花道雲遊教學與講座，促成了《非花即色》此書對兩岸花文化面向的探討。恩師賴賢宗教授歷年在國立台北大學策劃的《茶與經典》學術研討會，鍛鍊了在茶禪茶席、茶掛與花藝等議題的探討與會場茶與花佈置有了更面向大眾的科普。

　　疫情時間，重拾對翰墨的深情，並以當代書藝的路徑得了兩個書法比賽創意組的優選。帶著這樣翰墨書寫並結合花藝，

整合為一個個禪藝合流的專題，成為現階
段生命的期許，也進而成就了陽光房出版
社合作本書的因緣。

　　就在完成社長所託付的創作之時，歡
喜得李正輝團長邀請到香港參與《國際書
畫薈萃大匯展》暨藝術論壇發表「茶禪茶
席中的茶掛與花藝」，重啟與中國傳統花
道教學傳承，並同步在台灣《台北書院.生
活美學系列》講座「願得書房一間」等主
題展演，可謂點滴綿密皆是往融豁之念茲
在茲。

　　　天地有大美，洞鑑古今、聆聽智慧法
　　語並以翰墨書寫是種安定心靈延續。
　　　花草般若的取捨，是在閒靜淡然中觀
　　與覺察自身。
　　　生命透過禪藝創作有體悟、有超越，
　　進而珍視生命，這是諸多道場與團體接
　　引大眾的法器。

　　《優質人生之旅 佛度有緣人》的出版，
是讀者心靈安置的歸處，也是作者試圖跨
界的心體驗。保持生命中的平靜與智慧，
是臥雲山房主人此世的尋解，也獻給在禪
藝路徑上的行者：向前有路，福慧康寧。

國家圖書館出版品預行編目資料：(CIP)

優質人生之旅：佛度有緣人 / 戴萬成著 . --
臺北市：陽光房出版社有限公司 , 民 113.07
216 面；17x22 公分
ISBN 978-626-95287-2-1(平裝)

1.CST: 佛教修持 2.CST: 人生哲學

225.87　　　　　　　　　　　　113008678

優質人生之旅
佛度有緣人

著　　者 / 戴萬成

花藝暨書法創作 / 李幸芸

創意發想 / 廖三完

視覺總監 / 王羨珺

企劃執行 / 徐立真

影像後製 / 葉兒

執行編輯 / 陽光房編輯小組

出版單位 / 陽光房出版社有限公司

地　　址 / 台北市大安區和平東路三段258號4樓之2

電　　話 / 02-87327717，0936-952204

e - m a i l / sanwan88@gmail.com

I S B N / 978-626-95287-2-1

出版日期 / 中華民國113年7月15日

定　　價 / 新台幣320元